湖南省社科基金项目最终成果（项目编号：18YBA054）

《全面与进步跨太平洋伙伴关系协定》国有企业条款研究

罗文正 著

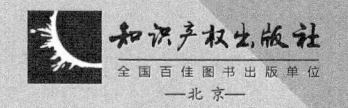

知识产权出版社
全国百佳图书出版单位
—北京—

图书在版编目（CIP）数据

《全面与进步跨太平洋伙伴关系协定》国有企业条款研究/罗文正著.—北京：知识产权出版社，2024.9
ISBN 978-7-5130-9228-9

Ⅰ.①全… Ⅱ.①罗… Ⅲ.①自由贸易—国际贸易—贸易协定—研究 Ⅳ.①F744

中国国家版本馆 CIP 数据核字（2024）第 030860 号

责任编辑：高 超　　　　　　责任校对：谷 洋
封面设计：邵建文 马倬麟　　责任印制：孙婷婷

《全面与进步跨太平洋伙伴关系协定》国有企业条款研究

罗文正　著

出版发行	知识产权出版社有限责任公司	网　址	http://www.ipph.cn
社　址	北京市海淀区气象路 50 号院	邮　编	100081
责编电话	010-82000860 转 8383	责编邮箱	morninghere@126.com
发行电话	010-82000860 转 8101/8102	发行传真	010-82000893/82005070/82000270
印　刷	北京九州迅驰传媒文化有限公司	经　销	新华书店、各大网上书店及相关专业书店
开　本	720mm×1000mm　1/16	印　张	14.75
版　次	2024 年 9 月第 1 版	印　次	2024 年 9 月第 1 次印刷
字　数	204 千字	定　价	88.00 元

ISBN 978-7-5130-9228-9

出版权专有　侵权必究
如有印装质量问题，本社负责调换。

目 录

第一章 绪 论 ……………………………………………………… / 001
  1.1 问题的缘起 / 003
  1.2 研究现状与意义 / 006
    1.2.1 国内研究现状 / 007
    1.2.2 国外研究现状 / 014
    1.2.3 国内外研究现状的成就与不足 / 019
  1.3 研究思路与方法 / 022
  1.4 拟研究的主要问题 / 022
  1.5 本书的主要框架 / 024

第二章 国际贸易协定中的国有企业定义之争 ……………………… / 025
  2.1 国有企业定义之争 / 027
    2.1.1 《北美自由贸易协定》中的国有企业定义 / 029
    2.1.2 世界贸易组织中有关国有企业的定义 / 030
    2.1.3 《全面与进步跨太平洋伙伴关系协定》中的国有企业定义 / 038

2.1.4 《美国—墨西哥—加拿大协定》中的国有
　　　　　　企业定义　　/ 043
　　　2.1.5 本节小结　　/ 044
　2.2 国有企业定义对协定适用对象和效果的影响　　/ 045
　2.3 对国际贸易协定中的国有企业定义的反思　　/ 046
　　　2.3.1 政府控制论在区域贸易协定中的错误应用　　/ 046
　　　2.3.2 CPTPP 国有企业定义无法准确区分国有企
　　　　　　业和非国有企业　　/ 048
　　　2.3.3 CPTPP 国有企业定义的缺陷会对核心义务
　　　　　　带来负面影响　　/ 051
　2.4 本章小结　　/ 056

第三章　CPTPP 国有企业条款的主要内容 ················· / 059
　3.1 非歧视待遇与商业考虑规则　　/ 062
　　　3.1.1 非歧视待遇与商业考虑条款的基本内容　　/ 062
　　　3.1.2 非歧视待遇与商业考虑条款的变化　　/ 064
　　　3.1.3 对 CPTPP 非歧视待遇与商业考虑条款的反思　　/ 067
　　　3.1.4 本节小结　　/ 070
　3.2 非商业援助规则　　/ 070
　　　3.2.1 CPTPP 非商业援助规则的基本内容　　/ 071
　　　3.2.2 CPTPP 非商业援助规则的反思　　/ 076
　　　3.2.3 本节小结　　/ 078
　3.3 透明度规则　　/ 078
　　　3.3.1 CPTPP 国有企业透明度规则的主要内容　　/ 078
　　　3.3.2 对 CPTPP 国有企业透明度规则的反思　　/ 080
　　　3.3.3 本节小结　　/ 083

3.4 例外规则　　/ 084

  3.4.1 CPTPP 国有企业条款例外规则的主要内容　　/ 084

  3.4.2 对 CPTPP 国有企业条款例外规则的反思　　/ 093

  3.4.3 本节小结　　/ 096

3.5 本章小结　　/ 096

第四章　国有企业条款的理论基础、性质和特征 …………………… / 099

4.1 CPTPP 国有企业条款的理论基础　　/ 101

  4.1.1 接合理论　　/ 101

  4.1.2 经济优势理论　　/ 103

  4.1.3 竞争中立理论　　/ 104

  4.1.4 公平竞争理论　　/ 106

4.2 CPTPP 国有企业条款的价值取向　　/ 107

  4.2.1 竞争中立：CPTPP 国有企业条款的应有之义　　/ 108

  4.2.2 竞争歧视：CPTPP 国有企业条款中的美国负面因素　　/ 111

4.3 CPTPP 国有企业条款的特征　　/ 116

  4.3.1 专门为国有企业量身打造的规则体系　　/ 117

  4.3.2 从国内法向重要的国际规则迈进，贸易竞争政策工具性日益增强　　/ 118

  4.3.3 CPTPP 规则确立的国有企业定义突破传统，扩大了规则涵盖的企业范围　　/ 119

  4.3.4 由碎片化条款向高标准制度体系迈进　　/ 120

  4.3.5 补贴纪律不局限于 WTO 规则，已形成更具有针对性的新框架　　/ 121

　　　　4.3.6　CPTPP 规定了高标准的透明度要求　　／122

　　　　4.3.7　规则执行机制在加强　／123

　　4.4　本章小结　／124

第五章　CPTPP 国有企业条款对中国提出的挑战 …………………／127

　　5.1　规则导向上的挑战　／129

　　　　5.1.1　精神实质：以"竞争中性"之名行"竞争非中性"之实　／130

　　　　5.1.2　制度歧视：偏离竞争政策框架实施所有制歧视　／131

　　　　5.1.3　逻辑矛盾：采取双重标准且内部逻辑矛盾　／132

　　5.2　具体规则中的挑战　／133

　　　　5.2.1　非商业援助制度降低了对国有企业反补贴的难度　／134

　　　　5.2.2　透明度规则要求的高标准和中国现有披露制度的执行　／135

　　5.3　规则主导权的挑战　／135

　　5.4　本章小结　／137

第六章　应对 CPTPP 国有企业条款的中国方案 …………………／139

　　6.1　规则导向上的对策　／141

　　　　6.1.1　规范国有企业治理，促进公平竞争　／141

　　　　6.1.2　坚守底线，坚决维护国家利益　／142

　　6.2　具体规则中的对策　／144

　　　　6.2.1　加强国有企业分类监管，规范政府补贴模式　／145

　　　　6.2.2　提升国有企业信息披露制度，强化决策透
　　　　　　　明度　／148
　　　　6.2.3　善用例外规则，写好国有企业减让表　／149
　　6.3　规则主导权的对策　／150
　　　　6.3.1　加快区域经济一体化建设，强化规则制定
　　　　　　　话语权　／150
　　　　6.3.2　以竞争中立为基点，制定国有企业竞争规
　　　　　　　则，提供中国方案　／150
　　6.4　本章小结　／153

第七章　主要结论和问题 ································ ／155
　　7.1　主要结论　／157
　　　　7.1.1　国际贸易协定中国有企业的定义　／157
　　　　7.1.2　CPTPP 国有企业条款的主要内容　／157
　　　　7.1.3　CPTPP 国有企业条款的理论基础、性质和
　　　　　　　特征　／158
　　　　7.1.4　CPTPP 国有企业条款对中国提出的挑战　／159
　　　　7.1.5　应对 CPTPP 国有企业条款的中国方案　／160
　　7.2　尚需进一步讨论的问题　／161

参考文献 ·· ／163

附件　《全面与进步跨太平洋伙伴关系协定》第 17 章中文版 ······· ／191
　　　第 17 章　国有企业和指定垄断　／193
　　　《全面与进步跨太平洋伙伴关系协定》第 17 章附件
　　　　　17-A　门槛金额计算　／214

《全面与进步跨太平洋伙伴关系协定》第 17 章附件

  17-B 关于国有企业和指定垄断的信息形成过程 ／ 216

《全面与进步跨太平洋伙伴关系协定》第 17 章附件

  17-C 进一步谈判 ／ 218

《全面与进步跨太平洋伙伴关系协定》第 17 章附件

  17-D 对次中央国有企业和指定垄断的适用 ／ 219

《全面与进步跨太平洋伙伴关系协定》第 17 章附件

  17-E 新加坡 ／ 224

《全面与进步跨太平洋伙伴关系协定》第 17 章附件

  17-F 马来西亚 ／ 226

第一章
绪 论

1.1 问题的缘起

随着国有企业参与国际经济贸易与投资活动频率与深度的增加，国际社会对国有企业（State-owned Enterprises）的关注也随之增加。除经济合作与发展组织（Organization for Economic Cooperation and Development，OECD）倡导并制定了竞争中立的相关规则之外，国有企业越来越成为国际贸易投资协定中一个绕不开的议题（韩立余，2016）。

将国有企业条款[①]纳入国际贸易协定并不是一件新事物。早在美国、加拿大和墨西哥签署的《北美自由贸易协定》（North American Free Trade Agreement，NAFTA）中，就在"竞争政策、垄断实体和国有企业"一章中纳入了国有企业条款。在很长的时期内，该条款成为美国签署相同内容的范本（韩立余，2016[②]）。世界贸易组织（World Trade Organization，WTO）虽然没有对国有企业或垄断企业做出量化定义，但还是在区分货物贸易和服务贸易的基础上，对于国营企业和指定垄断企业的行为做出了有约束的规定（张丽萍，2017[③]），如《关税与贸易总协定》[General Agreement on Tariffs and Trade，GATT（1994）]第17条中的"国营贸易企业"、《服务贸易总协定》（The

---

① 《全面与进步跨太平洋伙伴关系协定》的第17条题为"国有企业和指定垄断"。本书仅限于研究国有企业及其相关义务，并不涉及指定垄断，简称为"国有企业条款"。
② 韩立余. TPP国有企业规则及其影响[J]. 国家行政学院学报，2016，(01)：83-87.
③ 张丽萍. TPP协议和WTO有关国有企业规定之比较[J]. 国际商务研究，2017，38(05)：27-34+74.

《全面与进步跨太平洋伙伴关系协定》国有企业条款研究

General Agreement on Trade in Services，GATS）第 8 条中的"排他及独占性服务提供者"和《补贴与反补贴措施协定》（Agreement on Subsidies and Countervailing Measures，SCM 协定）第 1 条中的"公共机构"等内容。后世界贸易组织时期，美国一直在利用《自由贸易协定》（Free Trade Agreement，FTA）和《双边投资协定》（Bilateral Investment Treaty，BIT），尝试在国际贸易与投资领域中创新有关国有企业的规则。比如 2011 年，时任美国副国务卿罗伯特·霍马茨提出"竞争中立"的主张，其核心是"对现有国际经济规则进行更新和调整"，以"弥补现在的国际经济规则无法保证国有企业和私营企业公平竞争的缺陷"（罗伯特·霍马茨，2011）。

值得关注的是，2011 年 10 月，美国政府在秘鲁利马举行的《跨太平洋伙伴关系协定》（Trans-Pacific Partnership Agreement，TPP）第九回合谈判中，正式提出了国有企业议题，提出应限制政府对国有企业的扶持，避免国有企业借助政府特惠待遇和补贴，从而在与私营企业的竞争中获得优势（包晋，2014①）。在 2015 年达成的 TPP 最终文本中，将"国有企业和指定垄断企业"从"竞争章"中独立出来，单独成章，既从结构上体现了对国有企业规则的重视，也从内容上强化了国有企业方面的纪律。TPP 文本不仅给国有企业下了一个更为严格的定义，还继承并突破了以往自由贸易协定包含的国有企业规则——从传统关注国有企业的竞争中立，转向关注政府非商业援助的影响。这实质上是将传统的国有企业内容和传统补贴内容结合的一章，创设了全新的权利和义务（韩立余，2016②）。这就意味着自 TPP 开始，国有企业条款不再仅仅关注竞争中立，而是更为强调非商业援助，剑指新兴经济体，特别是中国的意味更为明显，就是要通过主导新的国际经济规则，遏制和制约以国有企业为主体的新兴经济体的发展。

更值得一提的是，2017 年 1 月 23 日，在美国退出 TPP 的情况下，以

---

① 包晋. TPP 谈判中的竞争中立议题 [J]. 武大国际法评论，2014，17（01）：85-108.
② 韩立余. TPP 国有企业规则及其影响 [J]. 国家行政学院学报，2016，(01)：84.

日本为首的其他 11 个国家，在中止 TPP 的 22 项条目的基础上达成了《全面与进步跨太平洋伙伴关系协定》（Comprehensive and Progressive Agreement for Trans-Pacific Partnership，CPTPP）[1]，CPTPP 完全继承了 TPP 有关国有企业的条款的全部内容[2]。这就表明，以美国为主导的国有企业条款的示范性和引领性效应正在发酵，可以预见其将会对今后的国际贸易和投资协定产生实质性的影响。2021 年 9 月 16 日，中国正式提出了加入 CPTPP 的申请。在此背景下，也就凸显了"国有企业条款"研究的理论意义和现实价值。

国有企业条款中的"国有企业"应当如何界定？其适用范围是什么？关注政府非商业援助的国有企业条款是在秉持"竞争中立"理念还是倾向"竞争限制"？CPTPP 语境中的"国有企业条款"的性质和特点是什么？它会对正在谈判中的"跨大西洋贸易与投资伙伴协议"（TTIP）和"服务贸易协定"（Trade in Service Agreement，TiSA）产生什么样的影响？CPTPP 语境中的"国有企业条款"的具体内容是什么？它对中国的国有企业改革提出了哪些挑战和机遇？中国应当如何回应？上述问题无论在理论上还是实践中都亟须厘清。因此在界定"国有企业"定义的基础上，系统地梳理 CPTPP 中国有企业条款的产生、演变过程和发展方向，剖析其理论基础和精神实质，将丰富国际经济法学科的相关理论，能为构建符合时代发展方向又具有中国特色的国有企业治理模式提供智力支持和理论指导。

值得一提的是，2013 年 11 月，党的十八届三中全会强调了务必全面发挥市场资源配置的关键作用。2015 年 8 月，中共中央、国务院还发布了《关于深化国有企业改革的指导意见》，提出了多条重大改革举措，其中包

---

[1] 关于该协定名称的翻译主要有多种：《全面与进步跨太平洋伙伴关系协定》《跨太平洋伙伴关系全面先进协定》《全面与先进跨太平洋伙伴关系协定》。本书采用第一种译法。

[2] 由于 TPP 与 CPTPP 中的国有企业条款实体上完全一致，因此，在没有特别注明的情况，本书对 TPP 中的国有企业条款与 CPTPP 中的国有企业条款不作区分，统称为 CPTPP 中的国有企业条款。

括对国有企业实行分类改革，推动混合所有制经济的发展等。因此，以系统论的视角去研究和分析 CPTPP 中的国有企业条款还能为我国国有企业的分类改革提供理论支撑，这也是本书的现实价值所在。

1.2 研究现状与意义

当今世界正在经历百年未有之大变局，大国竞争在国际经贸领域中体现为对规则主导权的掌握。国有企业议题越来越成为国际贸易协定中规则主导权之争的重要议题。一般认为，以《关税与贸易总协定》或《世界贸易组织协定》（World Trade Organization Agreement，WTO 协定）为代表的多边贸易规则在涉及国有企业与私有企业的规则方面采取了所有制中性态度。但是，在后 WTO 时代，国有企业规则呈现出碎片化趋势。欧美在 CPTPP《美国—墨西哥—加拿大协定》（USMCA）[1] 等区域和双边自由贸易协定中纳入了涵盖非歧视待遇、商业考虑、补贴规则等内容的全新国有企业规则，目的是通过主导新的国有企业国际规则，遏制和制约以中国为代表的新兴经济体的发展。

在中国新近签署的《区域全面经济伙伴关系协定》（Regional Comprehensive Economic Partnership，RCEP）中虽未专门规定国有企业规则，但是《中国—欧盟全面投资协定》（The China-EU Comprehensive Agreement on Investment，CAI）已被纳入了国有企业国际法新规则。2021 年，中国正式申请加入 CPTPP，大国之间围绕国有企业规则的主导权之争不可避免，CPTPP 中的国有企业条款及我国对策的研究正当其时，多重意义不言自明。

---

[1] 《美国—墨西哥—加拿大协定》（The United States-Mexico-Canada Agreement，本书简称 USMCA）。

1.2.1 国内研究现状

随着我国企业"走出去"战略的实施,针对国际贸易与投资中的国有企业条款的研究日益增多。在中国知网上进行跨库检索,以"CPTPP"+"国有企业"为主题关键词,检索结果为 198 篇;以"贸易协定"+"国有企业"为主题关键词,检索结果为 100 篇;以"竞争中立"+"CPTPP"为主题关键词,检索结果为 77 篇;以"国有企业条款"为主题关键词,检索结果为 49 篇。[①] 以下从六个方面对现有研究成果进行梳理。

1. 以 CPTPP 为整体的宏观研究中的国有企业条款

该类研究集中于分析大国战略、CPTPP 的高标准及其对于国际经贸规则的影响、CPTPP 文本解读和中国是否应加入 CPTPP 以及如何应对等方面。这方面代表性的论著有《"21 世纪贸易协定":TPP 对 WTO 的冲击及我国的对策》(黄志雄、毛真真,2014[②])、《TPP 的特点及其对 WTO 的挑战》(杨挺、郭明英、田云华,2016[③])、《TPP:地缘影响、中美博弈及中国选择》(宋国友,2016[④])、《TPP 协定的规则体系:议题与结构分析》(韩立余,2016[⑤])、《"跨太平洋伙伴关系协定"文本研究》(杨国华,2017[⑥])、《〈跨太平洋伙伴关系协定〉文本解读》(中国社会科学院世界经

[①] 检索时间为 2018 年 10 月。
[②] 黄志雄,毛真真."21 世纪贸易协定":TPP 对 WTO 的冲击及我国的对策 [J]. 清华法治论衡,2014,(02):41-61.
[③] 杨挺,郭明英,田云华. TPP 的特点及其对 WTO 的挑战 [J]. 国际经济合作,2016,(06):30-35.
[④] 宋国友. TPP:地缘影响、中美博弈及中国选择 [J]. 东北亚论坛,2016,25(02):67-74+128.
[⑤] 韩立余. TPP 协定的规则体系:议题与结构分析 [J]. 求索,2016,(09):4-13.
[⑥] 杨国华.《跨太平洋伙伴关系协定》文本研究 [J]. 国际商务研究,2017,38(06):16-25.

济与政治研究所国际贸易研究室，2016①）、《〈跨太平洋伙伴关系协定〉全译本导读（上、下册）》（韩立余，2018②）和《新区域主义视角下的〈跨太平洋伙伴关系协定〉——国际贸易规则与秩序的动态演变及中国之应对》（余楠，2016③）。

2. 以"竞争中立"为中心展开理论研究

以"竞争中立"为中心展开有关国有企业条款研究是该领域最热门的研究主题，其中集大成者当推《"竞争中立"制度的理论和实践》（石伟，2017④）和《竞争中立政策研究》（丁茂中，2018⑤）。前一成果从"竞争中立"的起源开始考查，回顾了"竞争中立"的制度变迁，并对澳大利亚的竞争中立政策进行了详细的分析；后一成果则系统地分析了竞争中立的基本定位、行为准则、适用除外、贯彻路径、风险防控和决策体制。厦门大学包晋的博士论文以《国际经济协定中的竞争中立议题》对"竞争中立"规则进行了系统的梳理。（包晋，2015⑥）。此外，该类成果还集中体现在以下四个方面：①介绍域外其他国家和地区有关"竞争中立"的立法，如《欧美竞争中立政策对我国国有企业影响研究》（赵学清，2013⑦），介绍了澳大利亚和经济合作与发展组织（OECD）在竞争中立政策上的基本做法。《我国竞争中立政策的引入及实施》（丁茂中，2015⑧）一文将竞争中

---

① 中国社会科学院世界经济与政治研究所国际贸易研究室. 《跨太平洋伙伴关系协定》文本解读［M］. 北京：中国社会科学出版社，2016.

② 韩立余. 《跨太平洋伙伴关系协定》全译本导读（上、下册）［M］. 北京：北京大学出版社，2018.

③ 余楠. 新区域主义视角下的《跨太平洋伙伴关系协定》——国际贸易规则与秩序的动态演变及中国之应对［J］. 法商研究，2016，33（01）：129-138.

④ 石伟. "竞争中立"制度的理论与实践［M］. 北京：法律出版社，2017.

⑤ 丁茂中. 竞争中立政策研究［M］. 北京：法律出版社，2018.

⑥ 包晋. 国际经济协定中的竞争中立议题［D］. 厦门大学，2015.

⑦ 赵学清，温寒. 欧美竞争中立政策对我国国有企业影响研究［J］. 河北法学，2013，31（01）：33-37.

⑧ 丁茂中. 我国竞争中立政策的引入及实施［J］. 法学，2015，（09）：107-117.

立模式分为澳大利亚式竞争中立、经济合作与发展组织（OECD）式竞争中立和美版竞争中立政策，不同的模式有不同的内涵。澳大利亚模式认为，国有企业不能仅凭其自身身份的特殊而在参与市场活动进行商业行为时享有对于其他私营企业不公平的竞争优势。该文认为澳大利亚版竞争中立政策符合力求确保市场公平竞争的应然使命。经济合作与发展组织（OECD）版竞争中立模式的主要内容有：各个国家的国有企业要简化自己的运营方式，对国有企业实行公司化管理，分清楚属于公共服务的项目与商业活动的参与以及国家在对国有企业的税收、补贴活动中应该持中立的身份，对于国有企业和私营企业公平对待等。但作者认为其并未考虑到不同国家因历史缘故而客观存在的实力差异，只停留在了形式上的公平，其实更应该注重实质上的公平。美版竞争中立政策认为，国有企业、国家扶持企业或国家领军企业迅速成长，国有企业的优势来自扭曲市场竞争的政策，要推动建立确保国有企业和私营企业公平竞争的国际规则。②对"竞争中立"内容的研究，如《竞争中立：国际市场新规则》（唐宜红、姚曦，2013①）一文从合理化政府商业活动的经营模式、识别直接成本、商业回报率、合理考量公共服务义务、税收中立、管制中立、债务中立和直接补贴、政府采购八个方面归纳了竞争中立的政策目标。③"竞争中立"对我国的影响。如《竞争中立对我国国有企业的影响及法制应对》（胡改蓉，2014②）一文认为，竞争中立政策的实施能够有效促进国有企业与民营企业之间的公平竞争，在优化社会资源配置的同时，提升国有企业自身的经营效益。目前我国国有企业在经营中仍存在一些不当竞争优势，对此，应在结合域外制度经验的基础上，以竞争中立政策的适用主体与范围为切入点，依据竞争中立政策的基本要求，以政府职能分离规则、防止交叉补贴

---

① 唐宜红，姚曦. 竞争中立：国际市场新规则［J］. 国际贸易，2013，（03）：54-59.

② 胡改蓉. 竞争中立对我国国有企业的影响及法制应对［J］. 法律科学（西北政法大学学报），2014，32（06）：165-172.

规则、透明度规则以及合理豁免规则为基本导向，对我国当前的相关法律制度进行完善。竞争中立政策要求我们必须立足于当前经济发展的实际，积极参与国际谈判，争取话语权，为今后我国国有企业乃至整个社会经济的健康、持续发展创造良好的市场环境和法制保障。④以"竞争中立"为切入点研究 CPTPP 中的国有企业条款。这方面的成果表现为两个阶段。第一阶段是 CPTPP 谈判过程中学者们以"竞争中立"为视野对 CPTPP 谈判中涉及的国有企业条款的研究。其中代表作品有《"竞争中立"视角下的 TPP 国有企业条款分析》（沈铭辉，2015①），该文提出了美国推动的 CPTPP 国有企业条款不仅"制度非中性"，而且带有强烈的歧视性的观点。第二阶段是 CPTPP 文本公布之后，以"竞争中立"为视角对 CPTPP 国有企业条款的解读，如《"竞争中立"视阈下的 TPP 国企规则评析》（熊月圆，2016②）。

3. 以某个单一国际贸易协定中的国有企业条款为研究对象的研究

这方面的研究成果以某个具体的国际贸易协定来研究其中的国有企业条款，大体可以分为四个方面：①对 CPTPP 国有企业条款产生的原因分析。代表作品有《TPP 透视："国有企业和指定垄断"议题分析》（王璐瑶、葛顺奇，2015③），该文认为 CPTPP 国有企业条款产生的环境动因是国际市场上新兴经济体的壮大和跨国企业的扩张，其根本动因是以美国为首的发达国家迫切保护国家和本国企业的利益，其带来的直接政策影响则是使"边境措施"向"边境内措施"扩大。《混合所有制与竞争中立规

---

① 沈铭辉. "竞争中立"视角下的 TPP 国有企业条款分析 [J]. 国际经济合作，2015，(07)：19-24.

② 熊月圆. "竞争中立"视阈下的 TPP 国企规则评析 [J]. 金融发展研究，2016，(09)：73-77.

③ 王璐瑶，葛顺奇. TPP 透视："国有企业和指定垄断"议题分析 [J]. 国际经济合作，2015，(11)：12-14.

则——TPP 对我国国有企业改革的挑战与启示》（唐宜红，姚曦，2015[①]），该文认为 CPTPP 国有企业条款是对"竞争中立"规则的继承与国际化拓展，"竞争中立"规则是其本质来源。②对 CPTPP 国有企业条款的整体性解读。代表作品有《TPP 国有企业规则及其影响》（韩立余，2016[②]），该文提出非商业援助制度、透明度要求和法院对国有企业商业活动的管辖权是 CPTPP 国有企业规则的三个突出方面，并指出非商业援助制度将国有企业与世界贸易组织《补贴与反补贴措施协定》中的相关规范结合在一起，形成了专门针对国有企业生产和投资的独特制度，对国有企业发展具有约束作用。国有企业透明度要求复杂而具体，对设立和维持国有企业的政府来说是挑战和负担。法院对国有企业管辖权的规定，具有限制国家豁免的作用。而《国有企业国际规则的新发展：内容评述、影响预判、对策研究》（徐昕，2017[③]）一文则是从非歧视待遇和商业考虑、非商业援助和透明度三个方面进行了分析。还有《〈跨太平洋伙伴关系协定〉国有企业章节的中国应对》（刘瑛，2016[④]）和《国企条款透视：特征、挑战与中国应对》（杨秋波，2018[⑤]）。③对 CPTPP 国有企业条款的分项研究。代表作品有《论〈跨太平洋伙伴关系协定〉国有企业透明度规则》（漆彤，2016[⑥]），该文专门就 CPTPP 国有企业条款中的透明度规则进行了分析，指出这一透

[①] 唐宜红，姚曦. 混合所有制与竞争中立规则——TPP 对我国国有企业改革的挑战与启示 [J]. 人民论坛·学术前沿，2015，(23)：61-73.

[②] 韩立余. TPP 国有企业规则及其影响 [J]. 国家行政学院学报，2016，(01)：83-87.

[③] 徐昕. 国有企业国际规则的新发展——内容评述、影响预判、对策研究 [J]. 上海对外经贸大学学报，2017，24（01）：14-26.

[④] 刘瑛. 《跨太平洋伙伴关系协定》国有企业章节的中国应对 [J]. 东方法学，2016，(05)：55-62.

[⑤] 杨秋波. 国企条款透视：特征、挑战与中国应对 [J]. 国际商务（对外经济贸易大学学报），2018，(02)：123-131.

[⑥] 漆彤，窦云蔚. 论《跨太平洋伙伴关系协定》国有企业透明度规则 [J]. 武大国际法评论，2016，19（02）：154-172.

明度规则明显受到全球治理透明度转向趋势的影响,并参考了相关国际监管方案。从条款内容上看,CPTPP 国有企业透明度规则呈现出标准高、效力强、程序便捷等特征;同时,也存在着争端解决规定模糊、过渡期设置不合理等缺陷。不论中国是否加入 CPTPP,该国有企业透明度规则都代表了国有企业信息透明化的趋势,对中国的对外经贸合作、国内立法及国有企业改革会产生重大影响。《TPP 国有企业的定义对中国国企分类改革的启示》(余烨,2017[①])一文,在对 CPTPP 第 17.1 条的协定文本进行文义解释的基础上,归纳 CPTPP 国企界定的标准,并结合国企分类改革的相关政策性文件,分析 CPTPP 国企定义对国企分类改革的启示。《国有企业补贴国际规则对比研究——从传统补贴规则到非商业支持规则》(毛真真,2017[②])指出"非商业支持规则诸多规定与 SCM 协定重合,同时简化了认定补贴构成的步骤,放宽了不利影响及损害的相关规定,事实上扩大了《补贴与反补贴措施协定》的适用范围"。[④]对《服务贸易协定》(TiSA)中的国有企业条款的解读。例如,《〈服务贸易协定〉国有企业规则及其启示》(周艳、李伍荣,2016[③])对正在谈判中的《服务贸易协定》的谈判过程、协定中国有企业规则的主要内容进行了介绍。

4. 对 TPP 国有企业条款的谈判过程的研究

该类成果的突出代表作是发表在《武大国际法评论》上的两篇长文:《TPP 谈判中的竞争中立议题》(包晋,2014[④])和《TPP 中的竞争中立议

---

① 余烨. TPP 国有企业的定义对中国国企分类改革的启示 [J]. 长安大学学报(社会科学版),2017,19(04):86-94.

② 毛真真. 国有企业补贴国际规则对比研究——从传统补贴规则到非商业支持规则 [J]. 河北法学,2017,35(05):154-163.

③ 周艳,李伍荣.《服务贸易协定》国有企业规则及其启示 [J]. 国际贸易,2016,(10):54-58.

④ 包晋. TPP 谈判中的竞争中立议题 [J]. 武大国际法评论,2014,17(01):85-108.

题——反对意见及可能的解决方案》（包晋，2015①）。上述成果从正反两方面分析了 TPP 谈判过程中竞争中立议题的各方观点。遗憾的是，作者对于 TPP 竞争中立议题的结果作了悲观的预测，这与后来的最终结果不符。

5. 从国有企业条款作为国际贸易协定的新议题属性方面进行研究

该类成果从横向议题和下一代国际贸易规则的角度对国有企业条款进行了研究。代表作品有《TPP 横向议题与下一代贸易规则及其对中国的影响》（蔡鹏鸿，2013②），该文提出"CPTPP 横向议题已经突破了一般贸易议题内涵，向社会领域、边界后规则等国内法制法规方向转移，可能成为引领下一代贸易规则的标杆"。

6. 以我国国有企业改革为目标的对策性研究

几乎所有与国际贸易协定中的国有企业条款有关的研究都会涉及中国的对策。大体可以分为以下四个方面：①对国有企业改革提出整体性对策的研究。此类成果主要代表作有《混合所有制与竞争中立规则——CPTPP 对我国国有企业改革的挑战与启示》（唐宜红，2015③），该文提出"中国应该以更加开放的姿态认同竞争中立规则的大方向，加快国内改革步伐，与国际规则接轨"。《国有企业国际规则的新发展：内容评述、影响预判、对策研究》（徐昕，2017④）提出了"探索利用区域或双边贸易谈判推出符合自身利益的国有企业规则"的建议。《国企条款透视：特征、挑战与

---

① 包晋. TPP 中的竞争中立议题：反对意见及可能的解决方案 [J]. 武大国际法评论，2015，18（01）：206-231.

② 蔡鹏鸿. TPP 横向议题与下一代贸易规则及其对中国的影响 [J]. 世界经济研究，2013，（07）：41-45+51+88.

③ 唐宜红，姚曦. 混合所有制与竞争中立规则——TPP 对我国国有企业改革的挑战与启示 [J]. 人民论坛·学术前沿，2015，（23）：61-73.

④ 徐昕. 国有企业国际规则的新发展——内容评述、影响预判、对策研究 [J]. 上海对外经贸大学学报，2017，24（01）：14-26.

中国应对》（杨秋波，2018①）提出了加快"一带一路"等区域经济一体化建设进程，加大主动权的建议。②对国有企业监管制度方面提出对策的研究。主要代表作有《CPTPP对中国国有企业监管制度的挑战及中国法律调整——以国际竞争中立立法借鉴为视角》（马其家、樊富强，2016②），该文提出"政府应确保其在经济监管中保持中立，提升国有企业在国际市场上的竞争力"的建议。③针对CPTPP国有企业条款的具体内容分别给出相应对策的研究。代表作品有《TPP国有企业规则及其影响》（韩立余，2016③），该文针对CPTPP国有企业条款中非商业援助制度、透明度要求和法院对国有企业商业活动的管辖权三个方面的规定，分别提出了相应的建议和问题。④以竞争中立为基点的对策研究。代表作品有《国际造法过程中的竞争中立规则——兼论中国的对策》（黄志瑾，2013④），该文提出了"中国政府应当尽早参与谈判，掌握话语权和规则制定权，对国际投资法领域的新一轮国际规则制定占据主导和主动的地位"。

1.2.2 国外研究现状

1. 有关CPTPP及其国有企业规则的研究成果较多

有关CPTPP及其贸易新规则的研究在国外比国内研究的时间更早，成果更为丰富。我们以"CPTPP"为关键词在HEINONLINE法律全文数据库进行检索，检索结果为54篇；以"Trans-Pacific Partnership"为主题关键

---

① 杨秋波. 国企条款透视：特征、挑战与中国应对[J]. 国际商务（对外经济贸易大学学报），2018，（02）：123-131.
② 马其家，樊富强. TPP对中国国有企业监管制度的挑战及中国法律调整——以国际竞争中立立法借鉴为视角[J]. 国际贸易问题，2016，（05）：59-70.
③ 韩立余. TPP国有企业规则及其影响[J]. 国家行政学院学报，2016，（01）：83-87.
④ 黄志瑾. 国际造法过程中的竞争中立规则——兼论中国的对策[J]. 国际商务研究，2013，34（03）：54-63.

词进行检索，检索结果为94篇。此外，通过美国得克萨斯大学圣格兰德分校（University of Texas Rio-Grande Valley，UTRGV）图书馆检索系统，以"CPTPP和SOEs"为关键词进行检索，得到了1894个结果，其中报刊文章1163篇，期刊论文396篇，专著或电子著作75部，脚本112篇，报告72篇。[①]

其中代表性作品有C. L. Lim，Deborah Kay Elms和Patrick Low合著的专著"The Trans-Pacific Partnership：A Quest for a Twenty-first Century Trade Agreement"（Cambridge University Press，2012[②]）。该书从21世纪贸易协议的角度，从历史、现状和未来三个方面对正在进行的CPTPP谈判进行了系统分析。

Julien Chaisse，Henry Gao和Chang-fa Lo等人以国际经济法规则制定的范式转换为主题，对CPTPP能否成为贸易协定的新模式进行了论证[③]。"Paradigm Shift in International Economic Law Rule-Making：TPP as a New Model for Trade Agreements? Springer Nature Singapore Pte Ltd. 2017"该书以后CPTPP时代的贸易政策为导言，从CPTPP对国际经济法规则制定的影响、CPTPP新议题、CPTPP的电子商务规制和对亚洲的影响及展望四个方面，较全面地分析了CPTPP规则，特别是对CPTPP新议题中的竞争、国有企业、金融服务、环保条款、劳工标准和政府采购进行了专章论述。

此外，Amitendu Palit从政治和经济的角度对跨太平洋伙伴关系对中国和印度的影响进行了专门研究。[④]

---

① 检索时间为2018年10月。

② 203. C. L. Lim, Deborah Kay Elms, Patrick Low, "The Trans-Pacific Partnership: A Quest for a Twenty-first Century Trade Agreement", Cambridge University Press, 2012.

③ Julien Chaisse, Henry Gao, Chang-fa Lo. Paradigm Shift in International Economic Law Rule-Making: TPP as a New Model for Trade Agreements? [M]. Singapore: Springer Nature Singapore Pte Ltd. 2017.

④ Amitendu Palit, The Trans-Pacific Partnership. China and India: Economic and Political Implications [M]. London: Routledge, 2014.

论文中的代表作品主要有：Voon Tania, Sheargold Elizabeth, The Trans-Pacific Partnership, British Journal of American Legal Studies, Vol. 5, Issue 2（2016）；Lewis, Meredith Kolsky, The Trans-Pacific Partnership: New Paradigm of Wolf in Sheep's Clothing, Boston College International and Comparative Law Review, Vol. 34, Issue 1（Winter 2011）；Lewis, Meredith Kolsky, Expanding the P-4 Trade Agreement into a Broader Trans-Pacific Partnership: Implications, Risks and Opportunities, Asian Journal of WTO & International Health Law and Policy, Vol. 4, Issue 2（September 2009）；Backer, Larry Cata, The Trans-Pacific Partnership: Japan, China, the U.S., and the Emerging Shape of a New World Trade Regulatory Order, Washington University Global Studies Law Review, Vol. 13, Issue 1（2014）；Broude Tomer, Haftel Yoram Z., Thompson, Alexander, The Trans-Pacific Partnership and Regulatory Space: A Comparison of Treaty Texts, Journal of International Economic Law, Vol. 20, Issue 2（June 2017）。

2. 以"竞争中立"为主题的研究较为丰富

对于竞争中立制度的研究与实践主要来自英美法系国家，西方学者关于竞争中立的研究较为全面，涉及内涵与外延、重要性与意义、实施内容与措施、评价方法等各个方面。

如 William D. Eggers 的《竞争中立：在竞争管理中创造一个公平的竞争环境》"Competitive neutrality: Ensuring a Level Playing Field in Managed Competitions"[①] 一文先阐述了管制竞争与竞争中立两个概念，随后围绕招标程序中立、其他相关问题与机构设置等方面展开论述。

Matthew Ronnie 与 Fiona Lindsay 在《竞争中立与国有企业：澳大利亚的实践与其他国家的相关性》"Competition neutrality and State-Owned Enterprises

---

① Eggers, William D. Competitive neutrality: Ensuring a Level Playing Field in Managed Competitions [J]. Reason Public Policy Institute, 1998.

in Australia: Review of Practices and their Relevance for Other Countries"[①] 一书中较为系统地介绍了澳大利亚竞争中立模式及对其他国家的借鉴意义，并认为澳大利亚模式总体上是成功的。

经济合作与发展组织（OECD）从 2009 年开始研究竞争中立规则，并陆续公布了一系列有关竞争中立政策和实践的报告，如《国有企业与竞争中立规则》"State-owned enterprises and the principle of competitive neutrality, 2009"、《竞争中立和国有企业——挑战和政策选择》"Competitive Neutrality and State-Owned Enterprises—Challenges and Policy Options, 2011"、《竞争中立——确保国营企业和私营企业间的公平贸易》"Competitive Neutrality—Maintaining a Level Playing Field Between Public and Private Business, 2012"、《问责与透明度》"Accountability and Transparency: a Guide for State Ownership, 2010"、《澳大利亚的国有企业和竞争中立规则》"Competitive Neutrality and State-Owned Enterprises in Australia, 2011"、《竞争中立：经合组织建议、指引与最佳实践纲要》"Competitive Neutrality: A Compendium Of OECD Recommendations, Guidelines and Best Practices, 2012"、《竞争中立的国家实践》"National Practices Concerning Competitive Neutrality, 2012"、《国有企业——贸易效应与政策含义》"State-owned Enterprises-Trade Effects and Policy Implications, 2013"、《国有企业作为国际竞争主体的研究：OECD》"OECD Workshop on SOEs as Global Competitors, 2016" 等。

一个值得关注的现象是，国外学者在研究竞争中立原则和国有企业的时候，常常将中国作为研究对象，其中的代表作品有：Bowman Megan, Gilligan George, O'Brien Justin, "China's SOEs test the waters in the South China Sea", East Asia Forum Quarterly, （2014）；Chintu Namukale, Wil-

---

① Matthew Rennie, Fiona Lindsay. Competition neutrality and State-Owned Enterprises in Australia: Review of Practices and their Relevance for Other Countries [M]. OECD Publishing, 2011.

liamson Peter J,"Chinese State-Owned Enterprises in Africa: Myths and Realities",2013; Ivey Business Journal,March/April; Drysdale,Peter,"Chinese state-owned enterprise investment in Australia",East Asia Forum Quarterly,2015。

3. 以国有企业条款为主题的研究相对不足

我们通过 HEINONLINE 法律期刊全文数据库,以 CPTPP+SOEs 为主题关键词进行检索,检索结果为 1 篇;以 SOEs 为主题关键词进行检索,检索结果为 26 篇。其中代表性的论文有:Fleury Julien Sylvestre,Marcoux Jean-Michel,The US Shaping of State-Owned Enterprise Disciplines in the Trans-Pacific Partnership,Journal of International Economic Law,Vol. 19,Issue 2(June 2016),该文中作者着力分析了美国作为规则倡导者(Norm Entrepreneur)在 CPTPP 谈判中设定创新性国有企业规则的作用,并分析了 CPTPP 国有企业规则的具体内容。Bhala,Raj,Exposing the Forgotten CPTPP Chapter:Chapter 17 as a Model for Future International Trade Disciplines on SOEs,Manchester Journal of International Economic Law,Vol. 14,Issue 1(April 2017),该论文从"国家安全与贸易管理"的角度阐述了 CPTPP 中 36 页共计 15 个条款的国有企业规则的意义和作用,并指出不管 CPTPP 是否生效,该国有企业规则都已经为今后的贸易协定提供了范本(model)。还有 Ines Willemyns,Disciplines on state-owned enterprises in international economic law:are we moving in the right direction? Journal of International Economic Law,2016,19,该论文基于作为特殊企业形态的国有企业在 21 世纪国际贸易中的角色,提出贸易协定中关于国有企业的规则至少应当包括五个方面:国有企业的清晰定义及适用范围、国有企业的权利和义务、关于国有企业扭曲贸易的特殊规则及其例外、透明度要求和规则的强制与争端解决。

4. 从其他贸易协定的角度研究国有企业规则也有所涉及

这方面的研究多数从 WTO 协定和中国加入世界贸易组织议定书入手展开对国有企业条款的研究，代表作品有 Philip I. Levy, The Treatment of Chinese SOEs in China's WTO Protocol of Accession, World Trade Review（2017）和 Julia Ya Qin, WTO Regulation of Subsidies to State-Owned Enterprises（SOEs）-A Critical Appraisal of the China Accession Protocol, 7 J. Int'l Econ. L. 863（2004）。还有的从 GATT（1994）第 17 条的规定入手研究国有企业条款，如 Andrea Mastromatteo. WTO and SOEs：Article XVII and Related Provisions of the GATT（1994），World Trade Review，2017，16（4）。

1.2.3 国内外研究现状的成就与不足

1. 国内关于国际贸易协定中的国有企业条款问题研究的成就与不足

我国理论界从宏观方面对 CPTPP 等新贸易协定、竞争中立规则、CPTPP 国有企业条款的整体解读以及中国应有对策方面都开展了相当的研究，甚至对 CPTPP 国有企业条款的谈判过程和 CPTPP 新议题的属性的研究也有人涉及，形成了不少理论成果，这为本书的研究奠定了良好的基础，但是就国际贸易协定中的国有企业条款的系统性研究方面尚有不足。研究成就与不足主要体现在以下几个方面。

（1）研究 CPTPP 国有企业条款新形式的成果较多，缺少对国际贸易协定中的国有企业条款进行系统性梳理的成果。

学者的研究重点集中于 CPTPP 国有企业条款的新的表现形式的研究，或从宏观上给予分析，或从具体规则层面进行解读，但是没有探讨国有企业条款的历史及变化发展的脉络并对之作系统研究，给人以只见树木、不见森林之感。事物的发展趋势往往蕴含于其历史基因之中，不了解国有企业条款的过去，也就难以去分析未来的发展趋势。

(2) 从竞争中立规则本身研究的成果较多，国有企业条款的内涵和外延分析较少。

国内学者是以"竞争中立"为中心展开研究，主要探讨竞争中立规则的历史起源、发展以及在当前国际贸易规则中的应用。这类研究集中于对竞争中立规则的概念内涵、政策目标及其历史、发展趋势的探讨，属于原理性、一般性的研究，为国有企业条款的研究奠定了理论基础，对理解国有企业条款的历史渊源具有积极作用。但也应看到，国有企业条款来源于竞争中立规则，但不等于竞争中立规则。竞争中立规则是国有企业条款的理论基础，但国有企业条款有着比竞争中立规则更为丰富的内涵和外延，有着更为具体的规则，应用性更强。仅仅研究竞争中立规则，还难以揭示国有企业条款全貌，特别是无法准确解读以 CPTPP 为代表的贸易协定中国有企业条款的实质，未深入窥探 CPTPP 国有企业规则背后隐藏的政治意图及其消极影响。其中，若干文章将竞争中立规则作为 CPTPP 国有企业规则的理论来源，而并未辨析 CPTPP 国有企业规则是否能真正反映竞争中立的精神。

(3) 以 CPTPP 中的国有企业条款作为专门研究对象的文献较多，针对其他条约协议中的国有企业条款的文章较少。

理论界对于 CPTPP 国有企业条款的解读已经产生不少成果，但是对不同制度所反映的国有企业条款的设计逻辑以及相同国有企业义务在不同条约中进行对比的文献似乎比较少见。

(4) 对 CPTPP 国有企业条款本身研究较多，但是对 CPTPP 谈判过程的研究成果较少。

对 CPTPP 国有企业条款本身已经有不少研究成果，但是对于 CPTPP 谈判过程中各方的主张和相互博弈等研究较少。谈判过程本身就是规则形成的过程，加深对于谈判过程的研究，将更有利于弄清国有企业条款的来龙去脉。

(5) 对策研究的针对性有待加强。

国内理论界的国有企业条款对策研究已经提出了各种不同的意见建议，如正确认识国有企业条款，积极参与规则的研究制定，改革国内竞争法规等。但没有结合新一轮国有企业改革来研究应对措施，未提出针对 CPTPP 国有企业规则中的三大规则的取舍立场，也未提出具体的国内立法层面和政策改革层面的对策。

2. 国外关于国际贸易协定中的国有企业条款问题研究的成就与不足

总体上看国外的理论研究成果在 CPTPP 宏观研究、CPTPP 国有企业条款具体研究、竞争中立规则研究，甚至对 WTO 协定中有关国有企业条款研究等方面都取得了不少的进展。其成就与不足表现在以下四个方面。

首先，对于竞争中立规则的三种模式的研究更为系统。澳大利亚、欧盟、美国和经济合作与发展组织（OECD）都体现了自己关于竞争中立规则的模式，形成了丰富的理论成果，特别是经济合作与发展组织（OECD）的研究为国际社会确立竞争中立规则提供了良好的智力支撑。但是，研究成果缺少对竞争中立规则与国际贸易协定中的国有企业条款之间关系的研究。

其次，对 CPTPP 中的国有企业条款的研究有所涉及，但是较之于 CPTPP 的其他领域而言，研究成果不丰富。

再次，对 WTO 协定的国有企业条款研究有所涉及。研究成果集中于《关税与贸易总协定》（1994）和中国加入世界贸易组织议定书的相关条款，但是仍然缺少对于国际贸易协定中的国有企业条款的系统研究。

最后，基于研究立场的不同，国外的研究成果更多地反映西方发达国家对国有企业条款的理解，甚至带有制度非中立性和政治化倾向。

1.3 研究思路与方法

本书的研究主要理论与范式是法学的。本书的研究思路和方法要点包括：

在研究方法上坚持理论联系实际，运用规范分析与实证研究相结合的分析的方法；具体的方法有：①文本分析法，对各种国际贸易协定中关于国有企业条款的文本进行实证分析和逻辑解读。②历史分析法，通过对国际贸易协定中国有企业条款的历史沿革和谈判过程的分析和逻辑解读，探寻国有企业条款问题在国际贸易协定中的发展及趋势。③比较分析法，通过对不同的国际贸易协定中的国有企业条款进行比较分析，试图阐明国有企业条款的性质和实质。④系统论的方法。本书试图梳理 CPTPP 中国有企业条款的发展历程及其实质内涵并预测其发展方向。

系统论是本书的基本研究方法，本书试图梳理 CPTPP 中国有企业条款的概念、实质、内容并预测其发展方向，因此本书研究的核心内容结构将以系统论关于系统的结构与功能的关系原理贯彻到底，实现整个研究逻辑的圆满与统一。

1.4 拟研究的主要问题

1. 国际贸易协定中国有企业的定义

国有企业的定义是本书研究的逻辑起点，世界各主要经济体和不同的国际贸易协定对国有企业的定义不尽相同。本书尝试从国际贸易协定有关文本和世界贸易组织的相关实践出发，来分析公共机构、国营贸易企业、国有企业等概念的内涵和外延，为本书的研究奠定逻辑起点。

2. CPTPP 国有企业条款的主要内容

CPTPP 设有专章规定国有企业条款，本书从国有企业条款的非歧视待遇与商业考虑规则、非商业援助规则、透明度规则和例外规则四个方面分析国有企业条款的具体内容。通过文本分析，对照其他区域贸易协定的类似规定，厘清 CPTPP 中的国有企业条款的具体含义，勾勒出 CPTPP 有关国有企业纪律的图谱，是本书的基本任务。

3. CPTPP 国有企业条款的理论基础、性质和特征

本书从竞争中立、竞争限制、横向议题等角度分析 CPTPP 中国有企业条款的理论基础、性质和特征，以期挖掘隐藏在国有企业条款背后而实际发挥作用的原理，加深对国有企业条款的理解。这是本书的一大难题。

4. CPTPP 国有企业条款对中国提出的挑战

从规则导向上来讲，国有企业条款存在成为新型贸易壁垒的可能。从具体规则来看，国有企业条款对中国的挑战表现为：①基于控制的判断标准的国有企业界定对国有企业改革提出的难题；②非商业援助制度降低了对国有企业反补贴的难度；③透明度要求的高标准和中国现有披露制度的执行；④主权的绝对豁免和 TPP 管辖规定之冲突。从规则主导权来讲，国有企业条款影响我国参与国际贸易规则制定的话语权。此分析与"国有企业条款的主要内容"相互印证。

5. 应对 CPTPP 国有企业条款的中国方案

在规则导向上的对策是在有序竞争和国家利益之间寻求平衡。在具体规则中的对策，主要体现在以下四个方面：①善用例外规则，写好国有企业减让表；②加强国企分类监管，规范政府补贴模式；③提升国有企业信息披露制度，强化决策透明度；④完善我国的法院管辖制度，公平行使裁量权。在规则主导权的对策上，一是要加快区域经济一体化建设，强化规则制定话语

权；二是以竞争中立为基点，制定国有企业竞争规则，提供中国方案。

1.5　本书的主要框架

本书共分为七个部分：

第一部分讨论问题的缘起和国内外研究现状，并确立研究思路和方法，列出了拟研究的主要问题和主要框架。

第二部分阐述国际贸易协定中的国有企业定义之争，对国有企业的定义进行讨论。通过对照主要经济体和不同国际贸易协定有关国有企业定义的不同，着重分析以世界贸易组织为代表的多边贸易体制和 CPTPP 中有关国有企业概念演化和斗争。

第三部分是 CPTPP 国有企业条款的主要内容的讨论。主要分析了非歧视待遇与商业考虑规则、非商业援助规则、透明度规则和例外规则四个方面。

第四部分讨论国有企业条款的理论基础、性质和特征。首先探讨国有企业条款是竞争中立导向还是竞争限制导向；然后阐明国有企业条款的横向议题属性；最后分析国有企业条款的特征。

第五部分讨论 CPTPP 国有企业条款对中国提出的挑战。分别从规则导向、具体规则和规则主导权三个方面展开分析，以期与第三部分的研究内容相呼应。

第六部分是 CPTPP 应对国有企业条款的中国方案。提出在规则导向上应在有序竞争和国家利益之间寻求平衡。要善用例外规则，写好国有企业减让表；要加强国企分类监管，规范政府补贴模式；要提升国有企业信息披露制度，强化决策透明度；要完善我国的法院管辖制度，公平行使裁量权。

第七部分是主要结论和问题。是对本书的概括和对未来研究的展望。

第二章
国际贸易协定中的国有企业定义之争

第二章　国际贸易协定中的国有企业定义之争

国有企业这一概念,并非我国特有,其与所有制关系并无必然联系。在各类文献中,无论是中文还是英文,对国有企业的表述均存在差异。英文中的国有企业至少包括"State-owned enterprise""State-controlled enterprise""State enterprise""State trading enterprises"等表述,而中文中对国有企业的称呼繁多,如"国有企业""国营企业""国营贸易企业""政府企业"等。① 此外,各国在国有企业结构特征等方面的规定也存在较大差异。在国际贸易领域,不同贸易协定对国有企业的定义也各不相同。因此,为国有企业确立统一的标准化定义极具挑战,在实践中亦常因国有企业认定引发争端。如在世界贸易组织中,中美就国有企业是否构成"公共机构"展开多轮交锋。② 本章讨论国际贸易协定中的国有企业的概念,以建立本书的概念框架。本章共分为三个部分:第一部分阐述国有企业定义之争,研讨国际贸易协定中国有企业的概念性定义的界定,第二部分讨论国有企业定义对协定适用对象和效果的影响,第三部分是对国际贸易协定中国有企业定义的反思。

2.1　国有企业定义之争

作为新一代区域贸易协定的典范,CPTPP 将国有企业相关条款独立成

---

① 除特别标明的地方外,为方便表述,本书使用"国有企业"一词来指称本书的研究对象。
② 详见世界贸易组织 DS379 案和 DS437 案。

章，旨在"以更加系统化的方式规范国有企业在国际竞争中的行为"[①]。正如学者所言，CPTPP 中的国有企业条款并非将非政府实体视为政府实体进行监管，也不是对所有企业施加一般性义务，而是为特定国有企业量身打造的规则。[②] 换言之，CPTPP 的国有企业条款并非将国有企业视为政府实体，也不认为国有企业实质上行使政府职能，而是对 CPTPP 认定的国有企业行为进行专门规定。这意味着 CPTPP 将认定的国有企业与政府实体及其他非国有企业区别对待，实行特殊化管理。尽管这被视为区域贸易协定对国有企业监管的一种创新，但其中所体现的歧视性显而易见，其是否符合国际法语境下的监管方式值得商榷。CPTPP 对国有企业的定义与多边贸易协定及其他区域贸易协定有何异同？这种定义将对国有企业的发展趋势产生何种影响？又存在哪些争议？这些问题构成了本书的核心议题。

CPTPP 国有企业条款围绕国有企业设定了非歧视待遇和商业考量、非商业援助、透明度等一系列高标准的义务。可以说，这些条款的适用对象就是国有企业，如何界定国有企业就成为一个绕不开的话题。国有企业概念的外延越大，竞争中立规则的适用范围就越大。反之亦然。因此，有必要对国有企业的定义予以厘清。本部分将从《北美自由贸易协定》《关税与贸易总协定》《补贴与反补贴措施协定》《服务贸易总协定》《全面与进步跨太平洋伙伴关系协定》《美国—墨西哥—加拿大协定》等美国主导和参与的区域和多边贸易协定中有关于国有企业[③]的条款入手，分析国有企业定义在不同区域和多边贸易协定中的差异。

---

① 陈瑶. 质疑与反思：区域贸易协定中的国有企业定义 [J]. 上海商学院学报，2021，22 (2)：110-120.

② Jaemin Lee. Trade Agreements' New Frontier-Regulation of State-Owned Enterprises and Outstanding Systemic Challenges [J]. Asian Journal of WTO and International Health Law and Policy, 2019, Vol. 14, No. 1, pp. 33-72.

③ 在上述诸协定中与国有企业相关的概念，主要有国有企业、国营贸易企业、国家企业、公共机构、垄断和专营服务提供者、政府企业等。此处为便于论述，统称为国有企业。

2.1.1 《北美自由贸易协定》中的国有企业定义

在全球经济格局中，美国以其私营企业和市场经济体制著称，但国有企业在一定程度上也参与了国内经济活动。然而，与美国私营企业相比，其国有企业的发展并不显著。传统观念认为，国有企业的问题主要通过竞争法进行调控。因此，美国在区域贸易协定中开始尝试对国有企业进行规制，最具代表性的例子便是《北美自由贸易协定》（NAFTA）。

《北美自由贸易协定》签订于 1994 年，被视为美国在区域贸易协定中首次尝试对国有企业进行规制的重要里程碑。自此以后，美国签订的自由贸易协定均在竞争章节中对国有企业作出规定。这些规定旨在确保国有企业在国际市场竞争中遵循公平、透明和可持续的原则，以维护市场秩序和促进贸易自由化。然而，《北美自由贸易协定》中关于国有企业的条款相对较为简单，仅原则性地规定了国家享有维持和建立国有企业的权利。①

在《北美自由贸易协定》中，与国有企业相关的规定较为简洁，主要体现在第 15 章竞争政策部分。② 其中，第 1505 条规定了国有企业的定义：各缔约方应确保国家企业（State Enterprises）正当营运。该协定并未禁止缔约方设立或维持国家企业，但要求各缔约方通过法律管控、行政监督或采取其他措施，确保在国有企业行使政府赋予的监管、行政及其他政府权力时，其运作方式与缔约方在协定第 11 章（投资）和第 14 章（金融服务）中所承担的义务不相冲突。此处对国有企业的定义侧重于"由缔约方拥有或通过所有者权益控制的企业"，强调缔约方对国有企业的"拥有"或"控制"。这一规定旨在防止政府将职能转移给国有企业，从而规避其

---

① 王晨曦. 美国主导的国有企业国际造法：历史进程、核心内容及应对策略 [J]. 南京理工大学学报（社会科学版），2021，34（1）：23.

② 李思奇，金铭. 美式国有企业规则分析及启示——以 NAFTA、TPP、USMCA 为例 [J]. 国际贸易，2019（8）：91.

在协定下的责任。[①]

此外，在第 1505 条的附件中，对加拿大和墨西哥的国有企业分别进行了定义。该附件明确规定，对于加拿大而言，国有企业指的是《金融管理法》中所述的王室公司，或任何具有相似性质的地方法律意义上的王室公司，或其他适用地方法律成立的相应实体。此附件明确了《北美自由贸易协定》（NAFTA）下加拿大的国有企业仅限于王室公司或与之具有同等意义的实体。而对于墨西哥的国有企业，附件中的规定更倾向于定义项下的例外或排除规定。该附件明确规定，《北美自由贸易协定》项下墨西哥的国有企业不包括为实现玉米、豆类和奶粉销售而设立的国家基本商品公司及其现有附属公司，或任何后续企业及其附属公司。

由此可见，作为美国早期针对国有企业进行规制的区域贸易协定，《北美自由贸易协定》对国有企业规则的表述较为概括，仅在一个条款中明确了较为宽泛的国有企业定义，强调政府对国有企业的"拥有"或"控制"。从该条款位于竞争章节来看，其目的在于约束由国家拥有或通过所有者权益控制的国有企业，以追求更加公平的市场竞争环境。虽然《北美自由贸易协定》中的国有企业条款较为简单，但它为美国在后续贸易协定中进一步探讨国有企业问题奠定了基础。

2.1.2 世界贸易组织中有关国有企业的定义

关税与贸易总协定及其后续的世界贸易组织管理的国际经贸规则，构成了主导的国际经贸规范。在涉及国有企业与私有企业的规定方面，世贸组织的规则被普遍认为采取了所有制中立的原则。[②] 尽管在《关贸总协定》（GATT）或世界贸易组织（WTO）的规则中并未明确提及"国有企业"，

[①] 陈瑶. 国际贸易协定对国有企业的规制研究 [D]. 上海：华东政法大学，2021：48.
[②] 韩立余. 国际法视野下的中国国有企业改革 [J]. 中国法学，2019（6）：161-183.

但是部分规则中涵盖了与之相近的概念，例如"国营贸易企业"（state-trading enterprise）和"公共机构"（public body），这些概念与国有企业的内涵存在重叠。因此，涉及这些概念的世界贸易组织规则可能直接适用于国有企业，或与国有企业产生关联。[1] 在《关税与贸易总协定》或世界贸易组织规则内与国有企业有关的规则主要体现在以下三个方面。

2.1.2.1 《关税与贸易总协定》（GATT）第 17 条：国营贸易企业

在《关税与贸易总协定》（GATT）中，"国营贸易企业"（State Trading Enterprises，STEs）与现代语境下的国有企业（State-Owned Enterprises，SOEs）并不完全等同。所谓"国营贸易企业"的概念，具有一定的历史渊源。[2] 在理论上，世界贸易组织（WTO）重视的核心并非贸易商的所有权构成，而是关注其运营所处的市场环境。[3] 在多边贸易体制的酝酿阶段，国营贸易与关税、配额等措施一同被视为主要的贸易壁垒。国营贸易企业需遵循市场经济原则，以私营贸易企业的模式进行运作。[4]

一般认为，《关税与贸易总协定》第 17 条是世界贸易组织一揽子法律文件中唯一关于国有企业的专门规定，该条确立了国营贸易企业（State Trading Enterprises）参与国际贸易的主要规则，但是在实践中很少被援引。

《关税与贸易总协定》第 17 条第 1 款 A 项规定，缔约方"如其建立或维持一国营企业，无论位于何处或在形式上或事实上给予任何企业专有权或特权，则该企业在其涉及进口或出口的购买和销售方面，应以符

---

[1] 刘力瑜. 竞争中立视野下的国有企业竞争规则 [D]. 长春：吉林大学，2017：24.

[2] 赵维田. 世贸组织（WTO）的法律制度 [M]. 长春：吉林人民出版社，2000：195.

[3] Aaditya Mattoo. Dealing with Monopolies and State Enterprises: WTO Rules for Goods and Services, in State Trading in the Twenty-First Century [M]. Ann Arbor: The University of Michigan Press, 1998, p. 38.

[4] Foreign Relations of the United States [EB/OL] [2023-12-28]. http://digital.library.wisc.edu/1711.dl/FRUS, June 4, 2022.

合本协定对影响私营贸易商进出口的政府措施所规定的非歧视待遇的一般原则行事"。

经分析,上述条款对国营贸易企业的定义并不明确,相应的义务也具有一定的模糊性。因此,该条款在约束国有企业行为方面并未达到预期效果。然而,它仍凸显出明确国营贸易企业需承担非歧视义务和透明度义务的重要性,以防止国家通过国营贸易企业从事违反世界贸易组织(WTO)规则的行为的立法目标。①

其实在 GATT 谈判期间,美国谈判代表曾提议将本条中的国有企业②明确定义为"成员方政府直接或间接对其经营行使实质性控制措施的任何企业"③。这就是要求将"控制"作为该条项下国有企业的唯一决定因素。但该定义并没有被《关税与贸易总协定》1947 所采纳,哈瓦那分委员会(Sub-Committee)报告认为,没有必要在 GATT 第 17 条中给"国有企业"下一个专门的定义,并进一步提出 GATT 第 17 条所指国有企业一般应理解为"任何从事购买或销售的政府性机构"(Agency of Government)。④

在 GATT 争端解决实践中,1960 年专家组报告对"企业"一词作出进一步界定,将其定义为"具有买卖权限的政府机构,或指具备此类权限且已获得政府授权行使排他或特别优先权的非政府组织"⑤。专家组报告指出,GATT 第 17 条所述的国有企业指的是政府性质的机构或获得授权的非政府机构。因此,判断一个实体是否符合 GATT 第 17 条所规定的国有企业,关键在于该实体是否获得授权或执行政府性质的职能。在 1981 年一份

---

① 刘力瑜. 竞争中立视野下的国有企业竞争规则 [D]. 长春:吉林大学,2017:24.

② GATT 第 17 条既使用了 State Trading Enterprise 的表述,也使用了 State enterprise 的表述,没有特别说明,本书使用"国有企业"一词。

③ GATT, Analytical Index: Guide to GATT Law and Practice, Updated 6th Edition (1995), p473.

④ Havana Reports. p114. para. 10.

⑤ L/1146, adopted on 24 May 1960, 9S/179, 180-181. para. 8.

未通过的"西班牙影响大豆油国内销售措施案"① 中专家组也就 GATT 第 17 条中的"国有企业"这一术语有过类似的讨论。

在 GATT 时期的乌拉圭回合谈判中，该谈判继承了相关规则，并未过分强调国有企业的所有权。而是侧重于探讨那些"已获得排他或特别优先地位，包括法定或宪法赋予的权力"的企业，以及它们在国内市场中"通过购买或销售行为对进出口的幅度或方向产生影响"的情况。②

在"美国诉加拿大小麦案"中，美国政府提出，第 17 条禁止国营贸易企业以损害其他商业经营者的方式行使其所拥有的专有权或特权。然而，这一主张并未得到被告方及第三方的认同，审理案件的专家组亦予以驳回，认为美国的主张既无条款支持，又扩大了该条的适用范围。WTO 上诉机构对此观点予以支持，明确指出 GATT 第 17 条第 1 款所设立的纪律，旨在禁止特定类型的歧视行为；并无依据将该条款解释为对国营贸易企业施加了如美国所主张的类似竞争法的全面性义务。要求国营贸易企业限制其行使特权的做法，无异于让其束缚自身双手，这与基于市场力量的商业考量相悖。③

由此可以看出，GATT/WTO 体制中关于 GATT 第 17 条中国有企业的认定，无论是协定文本的规定，还是争端解决的实践都是强调该实体是否有"授权"和"职能"。所谓"控制"标准，只是美国等个别成员在谈判中的观点，没有被 GATT/WTO 体制所采纳。正如有学者指出的，GATT 第 17 条的国有企业认定标准采用的是"授权+职能+专门规定"标准。④

---

① L/5142.

② GATT, Analytical Index: Guide to GATT Law and Practice, Updated 6th Edition (1995), p.474.

③ 韩立余. 国际法视野下的中国国有企业改革 [J]. 中国法学, 2019 (6): 161-183.

④ 毕莹. 国有企业规则的国际造法走向及中国因应 [J]. 法商研究, 2022, 39 (3): 171-186.

2.1.2.2 《补贴与反补贴措施协定》(SCM 协定) 第 1 条：公共机构

世界贸易组织反补贴规则并未直接定义国有企业，亦无专门针对此类企业的规定。世界贸易组织规则中与国有企业相关的另一重要条款为《补贴与反补贴措施协定》中的补贴定义条款，该条款涉及提供补贴的主体，但并未明确是否包含国有企业。[①] 自美国对中国发起反倾销和反补贴调查以来，一个关键问题引发了国际社会的广泛关注和激烈争议，那就是中国国有商业银行等国有企业是否构成《补贴与反补贴措施协定》第 1 条所规定的"公共机构"。这一问题不仅关系到我国企业的合法权益，而且对全球贸易秩序和各国经济利益分配产生重要影响。

SCM 协定是在东京回合《关于解释和适用 GATT 第 6 条、第 16 条和第 23 条的协议》（亦称《反补贴守则》）的基础上，在国际法规则领域关于补贴与反补贴方面的一项重要突破。补贴与反补贴措施是 SCM 协定在适度范围内允许实施的产业政策手段。然而，部分补贴可能对国际贸易的正常流动产生影响，甚至扭曲国际贸易格局，因此，对其进行明确界定和甄别显得尤为重要。

对于国有企业，SCM 协定主要规定了两种情况：一是当国有企业执行政府职能，作为财政资助的提供者，即"公共机构"；二是接受补贴的国有企业，与私营企业一样参与国际贸易。在第二种情况中，WTO 协定采取的是所有制中性的立场，不根据补贴接受者的所有制来区分补贴的市场扭曲效果，而是以补贴是否具有专向性作为筛选可诉性补贴与不可诉性补贴的依据。然而，关于国有企业是否构成"公共机构"的问题，各成员国之间存在争议。SCM 协定将"公共机构"与政府并列，作为补贴提供者。那么，为何会出现"公共机构"的概念？它与政府具有哪些共性？国有企业究竟是否构成"公共机构"？

---

① 韩立余. 国际法视野下的中国国有企业改革 [J]. 中国法学, 2019 (6): 161-183.

"公共机构"这一概念最早出现在东京回合的谈判中,并在东京回合《反补贴守则》第二部分第 7 条的脚注中予以明确。谈判历史资料显示,这一脚注在加入时并未附带解释。根据当时参与谈判国家的国内法,确实存在"公共机构"这一概念,主要指执行公共职能的地方性机构。在《反补贴守则》草稿中加入"公共机构"的概念,初衷是为了约束欧洲一些国家的地方行政机构,但却未充分考虑区分"公共机构"与"私营主体"的困难。在后续的乌拉圭回合谈判中,尽管"公共机构"的概念被纳入补贴定义,但公开的谈判资料仍未对"公共机构"的概念及其增设原因予以说明。因此,将"公共机构"直接对应国有企业并不合适①,现如今,关于"公共机构"在法律解释上所面临的困境,主要源于该概念的内涵与目标过于模糊。

在 SCM 协定中,补贴的定义采用了双层设计,通过两个层面的标准来确定应履行何种义务。首先,根据主体的性质进行初步分类,将主体分为三类:政府、"公共机构"和"私营主体"。其次,根据主体行为的特点,分别设定法律义务。这表现在"私营主体"在受到政府"委托或指示"的行为与其他行为在法律义务上的差异。

补贴定义的规则设计使得同一主体的同一行为,适用主体标准与行为标准的顺序不同,可能面临不同约束。② 以我国国有企业为例,若一个企业实体为国家完全或部分所有,且其行为受到政府部门的直接监督,此类企业难以被划归为"私营主体"。然而,从其采纳现代企业管理体系、实施具体的商业行为以及运用市场机制以实现利润最大化等方面来看,这类企业实体与私营主体的行为更具相似性。若从主体属性来判断,国有企业应承担与政府相同的法律义务;然而,从行为属性来看,国有企业的部分行为应与私营主体承担相同的法律义务。在此背景下,若仅以主体所有权

---

① 陈瑶. 国际贸易协定对国有企业的规制研究 [D]. 上海:华东政法大学,2022:57.
② 陈瑶. 国际贸易协定对国有企业的规制研究 [D]. 上海:华东政法大学,2022:57.

结构为依据来界定主体性质，则忽略了主体在行为层面的特性。

鉴于 SCM 协定的目标是较为准确地识别并规制那些真正具有扭曲贸易效应的"补贴"，这种从主体层面的定性可能会将一些非出于"补贴"目的，或不一定会产生"补贴"效果的行为误认定为补贴。这将与现有补贴规则的目标相悖。然而，从当前"WTO 争端解决"实践来看，对于国有企业是否构成"公共机构"仍需个案判定，也就是说，仅有部分国有企业受到规制。

美国主张，应以"多数股份由政府所有或控制"为判断依据。我国则以"是否行使政府授权，以履行政府性质的职能"进行反驳。专家组倾向于美国立场，将"公共机构"一词解释为"任何由政府控制的实体"。然而，WTO 上诉机构对专家组的观点予以否定，明确排除了"多数股份制"的标准。WTO 上诉机构认为，"公共机构必须是拥有、行使或被授予政府权力的实体"，并提出了"三步判断法"：

第一步，当法令或其他法律文书明确授权有关实体时，该实体可被视为公共机构；

第二步，实体事实上正在行使政府职能的证据可作为其拥有或已被政府授权的证据，尤其当此类证据指向一种持续且系统的做法时；

第三步，有证据表明政府对实体施加"有意义的控制"，在某些情况下，其行为可作为有关实体拥有政府授权的证据。[1]

显然，上述机构将"职能""控制"的部分方面纳入了"授权"的范畴。这种折中观点不可避免地面临逻辑矛盾和实践认定难题，尤其是关于"有意义控制"的定义，导致国有企业既非公共机构又非私人机构，从而产生了漏洞，并引发了欧美国家的不满。[2]

---

[1] WT/DS379/AB.

[2] Ru Ding. "Public Body" or Not: Chinese State-owned Enterprise [J]. Journal of World Trade, 2014 (2): 167-190.

2.1.2.3 《服务贸易总协定》(GATS) 第 8 条：垄断和专营服务提供者

《服务贸易总协定》(GATS) 的第 8 条和第 9 条分别对"垄断和专营服务提供者"和"商业惯例"进行了规定。这两条条款均与国有企业有关，但其行为主体并不仅限于国有企业。第 8 条第 1 款主要要求适用非歧视原则，第 2 款则强调不得滥用垄断地位。这表明，《服务贸易总协定》对国有企业的规范相对简洁。只有被授予垄断权或排他性权利的国有企业，才属于第 8 条关于垄断和排他性服务提供商的范围。

值得注意的是，第 8 条对国有企业规定的范围相较《关税与贸易总协定》(GATT) 更为狭窄，仅适用于垄断供应商和专属服务提供者。GATS 第 28 条（h）款对"垄断供应商"的概念进行了阐述，指出服务提供者需经政府授权或成为某一服务的唯一供应商，政府直接参与其中。相较之下，我国电子支付管理部门对"专属服务供应商"的定义是："在成员国授权或成立的服务供应商（无论是否正式授权或正在授权中）数量较少的情况下，其中一家供应商基本上阻止了其他供应商之间的竞争。"

然而，对于"垄断供应商"这一概念，各国之间尚存在不同的界定，更不必说对国有企业进行统一的定义。此外，《服务贸易总协定》的金融服务附件还列出了金融部门的"公共实体"。根据《服务贸易总协定》第 5 条（c）款的定义，若国有企业为"成员方所有或控制"，并主要从事"履行政府职能或政府目的之活动"的，则被视为从事金融服务的公共实体。[①]

可见，《服务贸易总协定》项下的相关认定标准以"控制"和"职能"为主，并不考察《关税与贸易总协定》第 17 条和世贸组织反补贴规

[①] 毕莹. 国有企业规则的国际造法走向及中国因应 [J]. 法商研究，2022，39（3）：174.

则下相对重视的"授权"要素。[1]

总的来看，在 GATT/WTO 体系中，并无关于国有企业的明确定义条款，相关术语和规定仅散见于 GATT 第 17 条、GATS 第 8 条和 SCM 协定第 1 条。正如 GATT 第 17 条所体现的"非歧视"原则，这一体系对国营企业和私营企业并无区别对待。将国有企业一概视为公共机构的做法和尝试，既不符合国有企业主体与行为统一的国际规定，亦未获得"WTO 争端解决"实践的认可。

2.1.3 《全面与进步跨太平洋伙伴关系协定》中的国有企业定义

2.1.3.1 CPTPP 中的国有企业定义的文本规定

《全面与进步跨太平洋伙伴关系协定》（CPTPP[2]）的国有企业定义条款标志着国有企业认定模式的重大变革，重新定义了以"所有权"为核心的"控制"准则，并进行了独立且明确的章节规定。[3] 美国特别关注有关国有企业的定义[4]，这一关于国有企业的定义是在美国主导下制定的[5]。

依据《全面与进步跨太平洋伙伴关系协定》第 17 条第 1 款的规定，国有企业应定义为主要从事商业活动的企业，且缔约方在该企业中满足以

---

[1] Shixue Hu. Clash of Identifications: State Enterprises in International Law [J]. Business Law Journal, 2019 (19): 183.

[2] CPTPP 脱胎于 TPP，两者有关国有企业的内容几乎完全一致，在没有特别说明的情况下，本书中使用 CPTPP 国有企业条款（章节）或者（CP）TPP 国有企业条款（章节）来描述其国有企业规则。

[3] 毕莹. 国有企业规则的国际造法走向及中国因应 [J]. 法商研究，2022，39 (3): 174.

[4] Rossella Brevetti. Michaud Calls for Strong Measures in TPP to Address Power of State-Owned Enterprises [R]. International Trade Reporter (BNA), 3 October 2013, 30.

[5] Bhala R. Exposing the Forgotten TPP Chapter: Chapter 17 as a Model for Future International Trade Disciplines on SOEs [J]. Manchester J. Int'l Econ. L., 2017, 14 (1): 18.

下条件：①直接拥有 50% 以上的股份资本；②通过所有者权益控制 50% 以上的投票权行使；③具有任命董事会或其他同等管理机构过半数成员的权力。此定义从"股份""投票权"和"任命权"三个方面对"控制"概念进行了详细阐述。① 即 CPTPP 中的国有企业定义如下：主要从事商业活动，且一国政府直接持有其 50% 以上股份的企业，或通过所有权权益掌控 50% 以上投票权的企业，或具有任命多数董事会成员权力的企业。

可见，CPTPP 把国有企业定义得很宽泛，而且认定的主观性和随意性非常大。② CPTPP 将国有企业划分为三类。第一类国有企业较为常见，即政府直接持有不低于 50% 的股份，理应视为国有企业。第二类国有企业情况较为特殊，针对同股不同权的情形，即便政府持股比例不足 50%，但拥有超过 50% 的投票权，仍将此类企业认定为国有企业。第三类国有企业最为特殊，只要缔约一方政府有权任命多数董事会成员，即使未持有 50% 以上股份且无 50% 以上投票权，亦可推定该企业在缔约一方的实际控制下，将其视为国有企业。

鉴于股份持有比例和投票权比例可以从证券交易所或公司章程中获得，并具有明确的认定标准，因此在前两种情况下，国有企业认定的主观性和随意性较小。然而，在后一种情况下，认定过程具有较大的弹性空间，结果导向，仅关注最终结果。从理论上讲，只要董事与政府存在一定联系，如现任或曾任公职人员，便可能被视为政府任命的董事，而忽略股东委派或选举的具体情况，以及股东的所有制性质。此类可能性并非空穴来风，实则有实证案例为证。例如，2012 年 2 月，美国国会听证会上，美国议员针对华为技术公司创始人任正非的中国共产党党员和退役军官身份提出质疑，进而限制华为产品进入美国市场。

---

① TPP 与 CPTPP 有关国有企业条款（章节）的规则完全一致，本书不作区分。
② 王绍媛，刘政. 国际投资协定中的竞争中立规则审视 [J]. 哈尔滨工业大学学报（社会科学版），2018，20（5）：127-132.

TPP文本对国有企业认定范围过于宽泛，主观性和随意性较大，实质上为美国等发达国家利用竞争中立条款作为竞争武器提供了便利。该条款针对从事商业活动的国有企业，与TPP文本中设立的非商业援助救济制度密切相关、相辅相成，体现了国有企业规则重心的转移。同时，通过股权、投票权或任命权三种方式，明确了企业与政府的关系。[①]

此外，CPTPP针对受监管的国有企业设立了经营收入门槛，要求此类国有企业在前三个连续财务年度中的某一年度，其年收入须达到特定金额。当前设定的门槛金额为2亿特别提款权，这在一定程度上给我国大型国有企业带来了压力和后续挑战。[②]

在CPTPP中，除上述内容外，还涉及"国家企业"的概念。在非商业援助义务规则中，国家企业与国有企业并置。国家企业与国有企业的区别在于，前者是指缔约方拥有或通过所有权控制的企业，覆盖部分国有企业，但并非全部。例如，尽管缔约方有权任命董事会成员，但未拥有或控制企业所有权的情况被视为国有企业，而非国家企业。同时，国家企业不一定主要从事商业活动。由于国家企业和国有企业之间不存在包含与被包含的关系，因此在规则中会出现二者并列的情况。

而CPTPP第17.1条则对独立养老基金和主权财富基金进行了界定。之所以对不同类型的主体进行定义，一方面是因为这些主体在实践中具有不同的属性和功能，尽管它们在政府持股或控制方面存在共性；另一方面，在规则制定过程中，各方谈判者基于各自政策考量，为便于约定不同类型主体的规则，选择了分别定义的方式。

2.1.3.2 CPTPP国有企业认定的要素分析

根据CPTPP的国有企业定义条款，国有企业认定需要至少满足两个

[①] 韩立余. TPP国有企业规则及其影响[J]. 国家行政学院学报，2016（1）：85.
[②] 陈清雪. 国际经贸条约中的国有企业条款研究[D]. 重庆：重庆工商大学，2022：17.

要素。

第一个要素是从事"商业活动"的实体。根据 CPTPP 的定义,"商业活动"指企业"以营利为目的",生产一种商品或提供一种服务,并在有关市场上以企业确定的数量和价格出售给消费者的活动。① 并且协定对"以营利为目的"做出了反向定义,即企业在非营利基础上或在成本回收基础上开展的活动不属于"以营利为目的"的活动。② 但是,这些定义缺乏明确性,在实践中难以适用。

首先,协定规定实体从事的商业活动必须为营利性活动。然而,在实际运作中,许多企业既从事营利活动,也从事非营利活动。那么,此类企业在协定项下是否被视为国有企业？是依据其从事营利活动来判断,还是因其从事非营利活动而不被视为国有企业？

其次,协定要求该实体在相关市场上以特定数量提供货物或服务。然而,在不同国家之间,以及同一国家内不同市场之间,影响相关市场的货物或服务数量是有差异的。

最后,协定要求该实体具备自主定价能力。实际上,企业提供的货物或服务价格受多种因素影响,其中之一可能是政府的建议。那么,自主决定价格是否意味着完全不受政府影响,或低于某一量化程度才被视为自主定价？尽管 CPTPP 第 17.1 条的注释 2 中解释称:"对相关市场普遍适用的措施不应解释为缔约方对企业的定价、生产或供应决定的确定",但这仍未能解答上述疑问。

企业所从事的各项活动,既可能触及公共领域,又可能涉及私人领域。此类双重身份或属性,使得对国有企业的定义呈现出复杂性③:一方

---

① CPTPP Art. 17.1.
② CPTPP Art. 17.1 note 1.
③ 陈瑶. 质疑与反思:区域贸易协定中的国有企业定义 [J]. 上海商学院学报,2021,22(2):111.

面，企业可能会履行一些对国家和社会都至关重要的公共职能[①]；另一方面，在商业活动中，企业也会以利益最大化为目标，直接与私营主体开展竞争[②]。因此，以实体是否从事商业活动作为判断协定范围内国有企业的主体，其价值相当有限。此外，CPTPP 在此要素前添加了"主要从事商业活动"的限定词，但对于"主要"一词未作出明确解释，因此仍无法对国有企业的主体进行有效判断。

第二个要素是政府"所有或控制"的企业，意指政府对特定实体拥有50%以上的所有权或控制权。这一要素要求该实体因与政府存在一定程度的联系而受到政府控制。然而，关于"所有权决定控制"的观点已不再为国际法院所采纳。政府对企业的所有权的确是判断政府对企业是否实施控制或干预的一个重要事实依据，但这并不意味着企业"行使政府权力"或受到国家机关的管控。联合国国际法委员会编纂的《国家对国际不法行为的责任条款草案》的第 5 条和第 8 条指出，单纯地依赖和支持并不能成为将非政府实体行为归因于政府的充分理由。因此，协定中将政府对企业拥有超过 50% 所有权作为对国有企业的界定实际上与现行法学理论发展趋势不符。

此外，协定对"控制"一词并未给出明确定义。现有案例表明，一般程度的控制不足以将企业行为归因于政府。政府对企业行为的控制必须具体化，在特定情况下执行特定行为，才能将企业行为视为政府行为。若缺乏具体控制，企业"完全依赖"政府或企业与政府"等同"，即政府将企业作为"伪装"以规避责任时，该企业实质上应被视为政府机关的一部分。然而，协定中关于国有企业的定义并未对"控制"概念作出进一步明

---

① Fan G, N. C. Hope. The role of state-owned enterprises in the Chinese economy [J]. China-US 2022, 2013: 7.

② D. E. M. Sappington, J. G. Sidak. Competition law for state-owned enterprises [J]. Antitrust LJ, 2003 (71): 479.

确的解释。①

基于上述分析，CPTPP 关于国有企业定义的条款是美国一贯主张的"控制"论在区域贸易协定中的体现，但是，由于用语的模糊性，仍然无法全面有效地认定哪些企业才是 CPTPP 规定的国有企业。

2.1.4 《美国—墨西哥—加拿大协定》中的国有企业定义

《美国—墨西哥—加拿大协定》（USMCA）对国有企业定义进行了拓展，这一变化在 USMCA 的第 22.1 条中得以明确。在新的定义中，国有企业被定义为"主要从事商业活动的主体"，并且需要满足以下四种条件中的一种：第一，政府直接或间接持有该企业 50% 以上的股权；第二，政府通过直接或间接的所有者权益掌控企业 50% 以上的投票权；第三，政府具有通过其他所有者权益（包括间接或少数股权）控制企业的权力；第四，政府对董事会或其他同等管理机构具有多数任命权。

通过对比 USMCA 与 CPTPP 的规定，我们可以发现 USMCA 对国有企业定义的拓展。USMCA 将政府对国有企业的控制范围从"直接"扩展至"间接"，即将间接持有超过 50% 股本、通过间接受益者权益掌控 50% 以上投票权的情况纳入国有企业定义。此外，USMCA 还新增了一款规定，即政府拥有通过任何其他所有权权益（包括间接所有权或少数股权）控制企业的权力也被视为国有企业。

尽管 USMCA 关于国有企业的定义扩大了认定范围，但在解决区域贸易协定中国有企业定义的难题方面仍存在一定的局限性。在新的定义下，虽然更多政府间接控制的国有企业将被纳入监管，但在实际操作中，如何界定政府对企业的控制力度仍具挑战。

---

① 陈瑶. 质疑与反思：区域贸易协定中的国有企业定义 [J]. 上海商学院学报，2021，22（2）：112.

总之，USMCA 对国有企业定义的拓展在一定程度上弥补了原有定义的不足，但在解决区域贸易协定中国有企业定义难题方面仍有待完善。

2.1.5 本节小结

总之，世界贸易组织（WTO）体制中并未对国有企业作出明确定义，其秉持所有制中立原则。对比《北美自由贸易协定》（NAFTA）、跨太平洋伙伴关系协定（CPTPP）以及《美国—墨西哥—加拿大协定》（USMCA）对国有企业的定义，这些协定均旨在约束由国家拥有或受国家所有者权益控制的国有企业，以期实现更为公平的市场竞争环境，然而三者对国有企业的约束范围各不相同。① 作为美国首个涉及国有企业的自由贸易协定，《北美自由贸易协定》对于国有企业的定义较为宽泛。然而，CPTPP 和 USMCA 对国有企业的定义进行了细化，将其限定为从事商业活动的国有企业。这些企业生产商品或提供服务均以营利为目的，并以企业自主决定的数量和价格向消费者销售。此外，它们不涉及政府设立、指定或授权从事垄断活动的国有企业。②

CPTPP 是通过投票权、股权及任命权三种方式来定义政府对国有企业的"控制"。在投票权方面，政府对国有企业的控制权体现在对企业重大事项的决策上。在股权方面，政府通过对国有企业股权的持有，实现对企业经营和发展的影响。在任命权方面，政府对国有企业的高级管理人员任命具有发言权，从而在企业内部形成对政府意志的贯彻。

USMCA 在股权、投票权、任命权的要求上相较于 CPTPP 有更广泛的范围。此外，USMCA 还增加了决策权的约束，即政府拥有通过投票权之外

---

① 李思奇，金铭. 美式国有企业规则分析及启示——以 NAFTA、TPP、USMCA 为例 [J]. 国际贸易，2019（8）：92.

② 姚淑梅. 后 TPP 时代国有企业和指定垄断规则对我国的影响和对策建议 [J]. 中国经贸导刊，2017（12）：49-53.

的其他所有者权益来控制企业的权力。这一规定使得受规制的国有企业范围进一步扩大，对政府与企业之间的关系进行了更为详细的规范。

总之，CPTPP 关于国有企业的界定已经不再局限于"政府对企业的所有权"，而是向"政府对企业的控制权"发展。这一趋势与联合国等国际机构提出的定义基本相符。其中的关键在于如何去界定"控制"。中国需要明确的是，不管是政府享有法律上指示企业行动的权力，或根据法律规章行使同等控制的权力，都需要具体的、非普适性的国内的法律法规予以规定，否则不构成政府对企业的控制。

2.2 国有企业定义对协定适用对象和效果的影响

国有企业条款（章节）的适用对象和效果取决于其定义，因此对其进行明确界定显得尤为重要。然而，在国际贸易协定中，对国有企业的定义存在许多不确定性和不可预见性。这种不确定性使得企业在不同情况下可能被视为国有企业或非国有企业，从而可能导致缔约方在国有企业条款（章节）的适用上产生争议，这主要表现在以下四个方面。

第一，国有企业条款（章节）将国有企业视为特殊实体进行规制，这种以主体而非行为为标准来认定国有企业身份的思路颇值得商榷。在当前的界定方法下，企业可能在"国有企业"与"非国有企业"之间变动，使得协定适用对象具有较大灵活性，但国有企业与非国有企业之间的界限并不清晰。

第二，模糊的定义影响了规则的适用效果。国有企业条款（章节）围绕国有企业定义设计了非歧视待遇、商业考虑、非商业援助、透明度等核心义务，对缔约方政府和国有企业提出了较高要求。为实现这些义务，各国需付出不同代价。对于拥有众多国有企业的发展中国家，遵循国有企业条款（章节）规定需承担较高代价，也需作出诸多自我限制。

第三，模糊的定义导致缔约方对协定具有较大解释空间，真诚遵守和执行新规范较为困难，从而容易引发关于国有企业条款（章节）规定的适用争议。例如，在 CPTPP 中，尽管国有企业条款（章节）设定了较高的标准，但各国在实际执行过程中可能存在差异，导致缔约方在国有企业条款（章节）适用上产生争议。

第四，大量存在的例外规则，将进一步导致协定适用效果有效性达不到预期目标。协定不适用于次级中央政府一级的国有企业，而有待进一步谈判去确定。此外，附件中新加坡、马来西亚就各自关注的主权财富基金和国家投资公司提出单独的例外要求，这使得国有企业规则在 CPTPP 中存在着碎片化的风险，协定适用的效果将大打折扣。

综上所述，为了确保国有企业条款（章节）的有效实施，有必要对国有企业进行明确界定，降低缔约方在协定适用上的争议。同时，通过减少例外规则，提高国有企业条款（章节）规定的一致性和可预见性，从而使协定能够更好地发挥作用。在今后的国际贸易协定谈判中，各方应充分认识到国有企业界定的重要性，共同努力达成更具普遍性和可操作性的定义，以促进国际贸易的健康发展。

2.3 对国际贸易协定中的国有企业定义的反思

2.3.1 政府控制论在区域贸易协定中的错误应用

正如前文所述，美国坚持采纳"政府控制论"，在 CPTPP 中给国有企业界定了一个宽泛的定义。这一立场可以追溯到中美双方在国有企业作为补贴提供者问题上的一系列争议，例如中国诉美国反倾销反补贴措施案（DS379，以下简称 DS379 案）和美国——反补贴措施案（DS437，以下简称 DS437 案)。两起案件的核心争议在于我国国有企业是否符合《补贴与反补贴措施协定》(SCM 协定)第 1 条所规定的补贴提供者——"公共机构"。

美国基于"政府控制论"的观点,主张依据政府拥有或控制国有企业的事实,将我国国有企业认定为"公共机构",以便在反补贴调查中将其视为补贴提供者。然而,DS 上诉机构在 DS379 案中推翻了美国的"政府控制论",转而采纳"政府权力论",将"公共机构"定义为承担某种政府责任、行使某种政府权力或履行政府职能的实体。在 DS437 案中,专家组再次否定了美国依据"政府控制论"认定我国国有企业的主张。

尽管美国在 DS379 案和 DS437 案中两次败诉,但在世界贸易组织(WTO)执行裁决时,其实质上并未改变其"政府控制说"的实践,仍将我国国有企业视为补贴提供者。此外,美国还试图修改现有国际规则,以实现其国内纪律。在美国主导起草的 CPTPP 和 USMCA 中,国有企业的定义采用了"政府控制论",即判定国有企业与否的标准为其是否为政府所有或控制。

CPTPP 规定,只要政府直接拥有 50% 以上的股权,或行使 50% 以上的投票权,或掌握任命董事会成员的权力,即可被认定为国有企业。USMCA 则进一步规定,政府间接拥有 50% 以上的股权也可构成国有企业。实际上,"政府对企业的所有权"与企业扭曲贸易行为并无直接联系。对于政府拥有大部分所有权的企业,政府对其施加影响更为容易,且不易被外界察觉。

政府对企业的所有权意味着政府既是监管者,又是企业所有者,这对市场上其他企业而言并不公平。许多区域贸易协定中有关国有企业的章节之所以选择以政府所有权作为规制对象,正是出于这一原因。然而,以"政府对企业的所有权"来界定国有企业,是对政府参与经济的不信任,与企业是否从事贸易扭曲行为并没有直接关系。

这种界定方法建立在一种假设之上，即政府所有的企业必然获得国家提供的不正当竞争利益，因此必须事先削弱其竞争优势，加重其违反公平竞争的预期惩罚成本，使其与私营企业回到所谓的"同一起跑线"上，从而尽可能减少其对市场竞争公平的损害。这一假设存在较大缺陷。

正如经济合作与发展组织（OECD）报告指出，一些国有企业可能因国家所有权而获得政府提供的资助或监管方面的偏好，但也有一些国有企业可能完全基于商业因素和市场原则运作。当前的主要挑战在于如何将那些接受政府不正当待遇的国有企业对国际贸易和投资所造成的扭曲作用降至最低。

因此，如何设计国际贸易规则是我们面临的最大难题，是针对特定类型的企业规定特殊义务，还是针对所有企业规定普遍性义务？政府对企业运作的影响并不一定基于所有权，政府对企业所有权也并不必然导致政府能够影响企业运作。当前协定中大多采取"一刀切"的方法，将政府占50%以上所有权的企业纳入规制范围，不论其是否享受政府特殊待遇，这实为对所有制的歧视。

2.3.2 CPTPP 国有企业定义无法准确区分国有企业和非国有企业

现行关于国有企业的界定，已不再单纯以"所有权"为唯一标准，而是引入了"控制"概念，对企业进行了重新划分。以非商业援助为例，结合国有企业定义，参照《补贴与反补贴措施协定》的认定方法，首先确定主体性质，再评估行为性质。此举不仅将我国全资企业和占多数所有权的企业直接视为"公共机构"（Public Bodies），而且可能导致许多大型非国有企业亦被纳入"公共机构"的范畴。[①]

[①] 陈瑶. 质疑与反思：区域贸易协定中的国有企业定义 [J]. 上海商学院学报，2021, 22 (2)：114.

根据 SCM 协定第 1 条的规定，补贴的提供者应为政府或"公共机构"。若私营主体欲担任补贴提供者，须证明其受到政府或"公共机构"的"委托或指示"。当我国国有企业作为补贴提供者时，有必要确定其是以"公共机构"身份还是以私营主体身份提供补贴。谈判历史显示，"公共机构"一词首次出现在东京回合《关于解释与适用 GATT 第 6 条、第 16 条和第 23 条的协议》（Agreement on Interpretation and Application of Articles Ⅵ, ⅩⅥ and ⅩⅩⅢ of the GATT）第二部分第 7 条的脚注中。该脚注在第二次修改草稿时加入，并无相应解释。这直接导致在"WTO 争端解决"历程中，关于国有企业是否必然构成"公共机构"的争议不断。在中美两次反补贴措施案的较量中，WTO 上诉机构均否定以政府控制论来认定"公共机构"，并提出"政府所有权本身并不能作为该实体受到政府有意义的控制的决定性证据，在没有其他证据的情况下，不能得出该实体被授予并行使政府权力的结论"。① 但若有证据表明这种政府控制是多方面的，而且这种控制以一种有意义的方式行使，那么可以作为该实体拥有且行使政府权力的证据。② 由此可见，"政府所有权"可以作为评估"政府有意义控制"的依据之一，其中包括政府有权任命董事会成员等属于"控制表现形式"的要素，而"政府有意义控制"则是判断"该实体拥有并行使政府权力"的依据之一。

"印美热轧碳钢扁钢反补贴措施案"的上诉机构重申，针对特定案件中某一实体是否符合"公共机构"的认定，需全面审视其独特性，充分考虑其核心属性、职能、与政府的关系，以及所在国家法律和经济背景。③ 因此，从"WTO 争端解决"的历史角度来看，"公共机构"的认定需进行个案判断，并坚持以"政府权力"为标准。然而，直至 2023 年，

---

① WT/DS379/AB/R, para. 346.

② WT/DS379/AB/R, para. 318.

③ WT/DS436/AB/R. para. 4.29.

"政府权力"这一标准仍存在一定程度的不确定性,包括对其含义的解释标准缺乏更具针对性的证据种类及权重。

针对此问题,主张以政府控制论来认定"公共机构"的学者认为,若采纳上述观点,将难以将政府通过国有企业传递补贴的情况纳入《补贴与反补贴措施协定》(SCM)的规制范围。一个政府所有或控制的实体,除非其拥有并行使政府权力,否则不能将其认定为"公共机构",其进行的交易也应视为纯私人交易进行审查。仅当这些个别交易被证明是基于政府的"委托或指示"进行时,才能评估特定情况下是否存在利益。[1] 然而,在现实中,针对政府所有的国有企业,政府所有权本身即包含了持久性的"委托或指示",因此或许并不存在特定的"委托或指示"。此外,SCM协定根据财政资助是否带来利益而非财政资助本身的存在,来判断是否存在公共政策目的,进而判断其是否构成《补贴与反补贴措施协定》下的补贴。财政资助的存在是判断一项措施是否受到SCM协定覆盖的必要条件,而非充分条件。本质上,补贴是指公共资源在违背市场条件下无偿流向国有企业和私营机构的部分。此处所称"无偿",即违反市场规律的资源配置。唯有公共资源才可能无偿转移至企业(包括国有或私营企业)。"私营主体"不会将自己所有的资源无偿给予他人。因此,一项财政资助是否为接受者带来"利益",即其是否体现公共政策目的,是否完全基于商业考量,才是判断一个实体行为或措施是否符合市场要求的关键。[2]

近些年来,有学者通过研究企业与中国国家之间的关系后提出,基于所有权的"国有企业—私营企业"的二元分类并不适合中国制度背景下的

---

[1] Cartland M, Depayre G, Woznowski J. Is something going wrong in the WTO dispute settlement [J]. Journal of World Trade, 2012 (5):46.

[2] 陈瑶. 质疑与反思:区域贸易协定中的国有企业定义 [J]. 上海商学院学报, 2021, 22 (2):115.

企业划分。① 私营企业有望通过与国家利益、目标及优先事项保持一致，彰显其在经济增长方面的潜力，从而获得来自国家或地方政府的竞争优势。在我国，大型私营企业与国有企业均在占市场主导地位、政府补贴及执行政府发展政策方面存在诸多共性。在上述 SCM 协定案例中，若采纳以控制为基准的"公共机构"界定方法，将显著扩大 WTO 补贴规则的应用范围。这无疑对世界贸易组织（WTO）机构能力及忠实解释条约文本含义构成挑战。

当前，在世界贸易组织（WTO）趋于边缘化的背景下，区域贸易协定中关于国有企业的章节创设了非商业援助条款。这一条款将国有企业直接视为补贴提供者，超越了《补贴与反补贴措施协定》（SCM 协定）对"公共机构"的界定，以所有权或控制权为标准来划分国有企业，实际上是将我国国有企业以及可能受到政府影响的私营企业均纳入了规制范畴。这是针对我国企业在全球经济中崛起所采取的政策应对措施，然而该定义的缺陷也揭示了《全面与进步跨太平洋伙伴关系协定》（CPTPP）中国有企业条款所固有的制度非中性特性。

2.3.3 CPTPP 国有企业定义的缺陷会对核心义务带来负面影响

在 CPTPP 的国有企业条款（章节）中，规定了国有企业需遵循的非歧视待遇、商业考虑、非商业援助和透明度等义务。其中，透明度义务要求政府公开符合国有企业定义的企业，商业考虑义务则要求国有企业能如同私营企业般运作。这两项义务有助于实现国有企业的商业化塑造。然而，非歧视待遇本质上属于准政府义务，若要求国有企业遵守此义务，将

---

① C. J. Milhaupt, Wentong Zheng. Beyond ownership: State capitalism and the Chinese firm [J]. Geo. LJ, 2014（103）: 665.

与商业考虑义务产生冲突,同时也违反了国际法的归因规则。[①] 区分以国有企业为接受者的补贴与以非国有企业为接受者的补贴,实行非商业援助义务的区别对待,既缺乏经济学理论依据,亦对以国有企业为主导的经济体制构成歧视。

2.3.3.1 不符合国有企业主体和行为相统一的国际规则

正如前文所阐述的,国有企业章节的目的并不是将国有企业的行为简单地归咎于缔约方,也不是为所有企业设立一般性的义务。相反,这一章节将国有企业视为一个特殊的群体,对其进行特定的规范和约束。在这个逻辑下,国有企业是否需要遵守非歧视待遇这一准政府义务,值得我们深入思考。

《关税与贸易总协定》第17条对"国营贸易企业"(State Trading Enterprises)的规制是符合归因规则的。这其中包括国家企业(参与购买或销售的国家机构)和享有专有权或特权的企业。这些国家机构的行为当然构成国际法语境下的国家行为,而享有专有权或特权的企业则属于行使政府权力的实体。因此,当这些国营贸易企业的行为不合法时,其行为可以归于成员方。

国营贸易企业需要遵守 GATT 下成员方所做出的市场准入承诺,尤其是非歧视待遇。然而,国有企业章节下的国有企业是政府所有或控制的企业,其并不一定享有专有权或特权,与"国营贸易企业"的范围并不完全一致。在这种情况下,我们应在国际法框架下审视国有企业的行为归属问题。

国际法承认国家一级的实体通常与国家分离,除非"公司面纱"仅仅是一种欺诈或逃避的手段或工具。国家通过特别法或其他方式建立一个公

---

① 陈瑶. 质疑与反思:区域贸易协定中的国有企业定义 [J]. 上海商学院学报,2021,22(2):116.

司实体的事实，并不是将该实体的后续行为归于国家的充分依据。尽管公司实体由国家拥有并在这个意义上受国家控制，但应当认为其独立于国家。除非它们行使《国家对国际不法行为的责任条款草案》第 5 条意义上的政府权力要素，否则它们开展活动的行为并不能归于国家。

对于国家控制的企业，如果要将其行为归于国家，那么该企业应当事实上根据国家的指示，或在国家的指导或控制下行事。控制指的是直接支配行为的实施，而不仅仅是行使监督，更不是单纯的影响或关注。换言之，国家必须在多大程度上行使控制才能将行为归于国家，这是一个关键问题。

然而，CPTPP 国有企业非歧视待遇条款实际上是仅基于"缔约方政府对企业所有控制或控制"就将国有企业的行为归于缔约方政府，对缔约方政府是否实际上指示、指挥或控制国有企业实施的违反非歧视待遇的行为并不论及，违反了归因规则。

能否将实体的行为归于国家取决于案件本身的事实，特别是指示、指挥或控制与所控诉的具体行为之间的关系。无论如何，个案特定行为是否在一国的控制下进行以将行为归于该国，是一个需要评估的问题。然而，国有企业非歧视待遇条款实际上是仅基于"缔约方政府对企业所有或控制"就将国有企业的行为归于缔约方政府，对缔约方政府是否实际上指示、指挥或控制国有企业实施的违反非歧视待遇的行为并不论及，违反了归因规则。

在这一规制模式下，与非国有企业相比，国有企业在商业活动中将因其身份遭受不同待遇且受到更多限制。这种现象可能导致国有企业在国际贸易中处于不公平的地位，进而影响市场竞争力。因此，在制定有关国有企业非歧视待遇的规则时，我们应该更加审慎，确保这些规则符合国际法原则，并充分考虑各国的实际情况。这有助于维护国际贸易体系的稳定和公平，促进所有类型的企业在全球市场上共同发展。

2.3.3.2 忽视了不同经济体制的差异

那些主张对国有企业实施特定规制的学者强调，国有企业的成立本质上是政府试图通过利润最大化之外的方式，来弥补市场失灵或实现预期的社会目标，如促进收入再分配。[①] 相较于私营企业，部分政府所有的企业需承担一定的政策使命。政府的政策目标可能要求其在促进当地就业或提供低收入家庭可负担服务方面发挥作用。[②] 在此政策目标的引导下，创造利润的重要性相对降低，而收入地位上升。国有企业管理的成功与否，更多取决于其经营规模和范围。在追求扩大规模和增加收入的过程中，国有企业可能倾向于采取以下策略：低于成本定价，虚报成本，以及选择低效技术以规避低于成本定价的限制，从而提高现有竞争对手的经营成本，或者设置进入壁垒，阻止新的竞争对手进入市场。以低于成本定价为例，追求利润最大化的私营企业只有在能够增加长期利润的情况下，才会实施掠夺性定价。因此，当竞争者退出市场后，私营企业需要提高价格以弥补利润损失。然而，国有企业具备承担长期利润损失的能力，其并不追求利润，仅需在享有法定特权的市场中提高价格或直接从政府财政中获得补偿。由此，国有企业的定价无法反映资源成本，进而扭曲生产与消费决策，降低整个社会的生产效率。

然而，基于上述逻辑，对国有企业的监管应当区分其在新兴市场与传统市场的行为，以防止国有企业利用其所拥有的特权进行长期掠夺性定价。如澳大利亚国有企业改革中的《希尔默报告》（Hilmer Report）所强调的：当国有企业在其传统市场直接向公众提供商业服务（如公共服务）时，应对其进行公司化改革或实施有效定价指导。在新兴市场领域，

[①] David E. M. Sappington, J. Gregory Sidak. Competition law for state-owned enterprises [J]. Antitrust Law Journal, 2003 (71): 479.

[②] Niskanen W. Bureaucrats and politicians [J]. The journal of law and Economics, 1975, 18 (3): 617-643.

除非国有企业抵消了因所有权属性所获得的竞争优势，否则不得参与与其他企业的竞争。① 在当前的区域贸易协定中，国有企业履行政府职能提供公共服务或商品的行为被排除在外。以《全面与进步跨太平洋伙伴关系协定》（CPTPP）为例，其将国有企业非商业援助的补贴专向性判断标准修订为："明确将援助限于国有企业，或提供的援助主要由国有企业使用，或对缔约方的国有企业提供不成比例的援助，或提供援助时通过行使自由裁量权偏惠缔约方的国有企业。"这一修订将补贴专向性判断从"特定企业"（Certain Enterprises）转向了企业所有制或控制权的判断。

然而，这种做法将国有企业作为接受者的补贴与非国有企业作为接受者的补贴区别对待，认为前者更具扭曲市场的作用，这一观点并未得到经济学理论的支持。补贴的扭曲效应是由其本质属性所决定的，而不是由接受者的身份所致。因此，在经济学原理下，这种区分并无依据。

非商业援助义务，简单来说，就是对国有企业参与市场的一种歧视性对待。这种歧视表现在：一方面，国有企业在我国经济发展中扮演着重要角色，它们在基础设施建设、社会保障、民生改善等方面做出了巨大贡献。然而，在市场竞争中，这些国有企业却面临着不公平的待遇。非商业援助义务使得国有企业在与民营企业竞争时处于劣势地位，影响了国有企业的健康发展。

另一方面，这种歧视还表现在对以国有经济为主的发展中国家的不公平待遇。在全球经济一体化进程中，发展中国家普遍面临着资源匮乏、技术落后、市场不完善等问题。国有企业在这些国家往往承担着推动国家经济发展、提高人民生活水平的重任。然而，非商业援助义务使得这些国家在引进外资、技术和管理方面受到限制，进一步加剧了与发达国家的差距。

---

① 陈瑶. 质疑与反思：区域贸易协定中的国有企业定义 [J]. 上海商学院学报，2021，22 (2)：118.

事实上，国有企业作为市场参与者，本应享有平等的竞争权利。而非商业援助义务的存在，却让它们在市场竞争中备受歧视。这种现象不仅损害了国有企业的合法权益，也不利于我国经济体制的改革和发展。因此，有必要消除这种歧视，让国有企业能够在公平竞争的环境中发挥其应有的作用。

总之，非商业援助义务是对国有企业作为市场参与者的歧视，是对以国有经济为主的发展中国家的歧视。

2.4 本章小结

CPTPP 中围绕国有企业定义所创设的一系列特殊义务是为了增加国有企业的运营和维护成本，并不能解决国有企业反竞争活动的实际问题[1]，性质上属于典型的贸易保护行为。

新兴经济体国有企业的崛起引发了国际贸易中关于"公平"的争议。发达经济体如欧美认为，国有企业凭借政府所有或控制的身份，获得私营企业无法比拟的竞争优势，从而对国际贸易秩序和市场公平产生负面影响。然而，现有的国际贸易规则，以世界贸易组织（WTO）为主，未能有效约束此类行为。因此，在"WTO 框架"之外的区域贸易协定，如《全面与进步跨太平洋伙伴关系协定》（CPTPP）和《美国—墨西哥—加拿大协定》（USMCA），纷纷更新和明确与国有企业相关的规则。

然而，国有企业问题本质上是源于体制多样性所产生的问题。在不同国家、不同市场体制下，达成关于"公平"的统一认识是不现实的。国有企业作为经济支柱，是一个国家对经济制度的自主选择和探索。当前，

---

[1] Kim Minwoo. Regulating the Visible Hands: Development of Rules on State-Owned Enterprises in Trade Agreements [J]. Harv. Int'l L J, 2017（58）: 225.

CPTPP 成员国被认为正朝着体制趋同的方向发展。然而，事实并非如此：市场化是一个开放的、以竞争为导向的制度变迁过程，而非一个确定的制度终点。

在当前新一代区域贸易协定中，国有企业被界定为主要由政府所有或控制的企业，并对其施加严格、额外的义务，提高其国际竞争成本，以达到保护私营企业的目的。这种界定主要考虑了发达经济体的诉求，却忽视了国有企业占主导的发展中经济体的国家利益，因此难以获得广泛认同。

我国已正式申请加入 CPTPP。目前看来，协定中的国有企业定义对中国企业参与国际贸易活动构成较大挑战。然而，由于该定义仍存在诸多不确定性和解释空间，以及围绕国有企业定义的核心义务设计较为粗疏，尚未充分考虑与其他国有企业相关规则的衔接和协调。在此背景下，我国可在加入 CPTPP 的谈判过程中积极表达诉求，并提出中国方案。

为了应对这一挑战，我国需要从以下三个方面入手：首先，深化国有企业改革，提高其治理结构和运营效率，以降低国际竞争成本。其次，加强与国际社会的沟通与合作，阐述我国国有企业的定位和发展战略，增进各方对我国国有企业国际竞争力的理解。最后，在谈判过程中，坚定维护国家利益，推动国有企业相关规则的完善，使其更加公平、合理，兼顾各方诉求。

总之，国有企业在国际贸易中的地位和作用是一个复杂且具有挑战性的议题。我国在加入 CPTPP 等区域贸易协定的过程中，应充分表达诉求，推动规则改革，以实现国有企业与国际贸易秩序的和谐发展。同时，加快国有企业改革，提高国有企业竞争力，为国家经济发展和维护全球贸易秩序做出更大贡献。

第三章
CPTPP 国有企业条款的主要内容

第三章　CPTPP 国有企业条款的主要内容

　　CPTPP 的国有企业条款在区域贸易协定中首次将国有企业独立出来，形成单独一章，这是对国有企业规则的重要创新。相较于世界贸易组织（WTO）已有的国有企业条款，CPTPP 在结构和内容上都体现了对国有企业规则的重视和强化。在内容方面，CPTPP 的国有企业规则既继承了以往自由贸易协定中的国有企业规则，又有所突破。CPTPP 国有企业规则的重大变革在于，从过去关注国有企业的竞争中立，转变为现在关注政府非商业援助的影响。因此，这一章节是将传统国有企业内容与传统补贴内容相结合，创设了全新的权利和义务[①]，对国有企业的定义进行了全新设定，并明确了其在国际贸易活动中需遵循的义务，如非歧视待遇与商业考虑、杜绝非商业援助、提高透明度等，从而对国有企业实施更为严格的规范[②]。

　　如前文所述，按照美国人的说法，CPTPP 的国有企业条款以"竞争中立"对国有企业进行商业化重塑，以实现私营企业与国有企业之间的公平竞争。然而，其规章制度及其逻辑与原理的本质值得商榷。仅因企业接受政府投资，便认为企业会获得政府优惠或受其影响，进而将这种优惠或影响传导至商业竞争活动中，导致贸易扭曲，这实为一种推测而非确凿事实。[③] 现行 CPTPP 关于国有企业的章节对一种实际现象进行了阐述，并将

[①] 韩立余. TPP 国有企业规则及其影响 [J]. 国家行政学院学报, 2016 (1): 84-85.
[②] 陈瑶. 新一代区域贸易协定对非歧视待遇与商业考虑条款的重塑 [J]. 上海海关学院学报, 2021, 42 (1): 108.
[③] 陈瑶. 新一代区域贸易协定对非歧视待遇与商业考虑条款的重塑 [J]. 上海海关学院学报, 2021, 42 (1): 108.

其视为需加以规范的对象,然而并未触及问题本质。①

本章将对 CPTPP 国有企业条款的主要内容进行分析,厘清 CPTPP 中的国有企业条款的具体含义,勾勒出 CPTPP 有关国有企业纪律的图谱。本章共分为四个部分:第一部分讨论非歧视待遇与商业考虑规则,第二部分讨论非商业援助规则,第三部分解析 CPTPP 国有企业透明度规则,第四部分是有关 CPTPP 国有企业例外规则的讨论。

3.1 非歧视待遇与商业考虑规则

CPTPP 的国有企业条款(章节)用非歧视待遇和商业考虑规则对国有企业进行规制,虽然不是首创,但是相对于《北美自由贸易协定》和世界贸易组织规则,该规则进行了多方面的拓展,其内容与 GATT 第 17 条存在本质区别。值得一提的是,相较于非商业援助义务条款,非歧视待遇和商业考虑条款已逐渐成为美国、日本、欧盟各自主导的贸易协定中所共同具备的条款。该条款对国有企业参与商业活动的约束更为微妙和隐秘,容易被人忽视。

3.1.1 非歧视待遇与商业考虑条款的基本内容

非歧视待遇与商业考虑条款最早出现在《北美自由贸易协定》和世界贸易组织规则之中。《北美自由贸易协定》第 1503 条和 GATT 第 17 条均对非歧视待遇与商业考虑条款进行了规定。CPTPP 的非歧视待遇与商业考虑条款规定在其第 17 条第 4 款。

---

① Kim Minwoo. Regulating the Visible Hands: Development of Rules on State-Owned Enterprises in Trade Agreements [J]. Harv. Int'l LJ, 2017 (58): 225.

第三章　CPTPP 国有企业条款的主要内容

第一，每一缔约方应保证其每一国有企业在从事商业活动时，在其购买或销售货物或服务时依照商业考虑行事，并给予由另一缔约方企业提供的货物或服务的待遇，不低于其给予该缔约方、任何其他缔约方或任何非缔约方的企业所提供的同类货物或同类服务的待遇。

第二，每一缔约方应保证其每一指定垄断：在相关市场购买或销售垄断货物或服务时依照商业考虑行事；在其购买垄断货物或服务时给予由另一缔约方企业提供的货物或服务的待遇，不低于其给予该缔约方、任何其他缔约方或任何非缔约方的企业所提供的同类货物或同类服务的待遇。

第三，只要国有企业或指定垄断依照商业考虑行事，它可以不同条款或条件购买或销售货物或服务，包括与价格相关的条款或条件；或者拒绝购买或销售货物或服务。

这表明该项条款主要涉及两大内容。首先，CPTPP 签署方须确保其国有企业在与商业活动相关的过程中，遵循商业考虑原则。其次，签署方需确保国有企业在与商业活动有关的过程中，提供公平无歧视的待遇。

CPTPP 的该条款具有以下特性：①承担提供无歧视待遇义务的主体是企业，而非缔约方。缔约方的职责在于确保其国有企业能提供无歧视待遇。②该无歧视待遇首先以单一规范范式呈现，而在具体阐释时明确涵盖了最惠国待遇和国民待遇两项条款。③无歧视待遇涉及国有企业在货物和服务领域中所有对国际贸易和投资产生影响的行为，其关注点在于同一市场中的所有行为主体应处于公平竞争的环境。④相关市场不仅包括缔约方本国国内市场，还涵盖其他缔约方市场及第三方市场，范围相当广泛。①

---

① 徐昕. 国有企业国际规则的新发展——内容评述、影响预判、对策研究 [J]. 上海对外经贸大学学报，2017, 24 (1)：16.

3.1.2 非歧视待遇与商业考虑条款的变化

与 WTO 涵盖协定相比，CPTPP 非歧视待遇与商业考虑条款的内容上的变化主要体现在以下三个方面。

3.1.2.1 重新界定了承担该项义务的主体

如前所述，在 GATT 第 17 条中规定承担非歧视待遇和商业考虑义务的主体是国营贸易企业。按其规定，国营贸易企业主要有两类：国家企业和被授予特权或专有权的企业。然而，关于国营贸易企业所涵盖的国家企业、正式或实际上被授予专有权或特权的各类企业，GATT/WTO 至今仍未给出明确定义。仅在乌拉圭回合谈判中达成的《关于解释 1994 年 GATT 第 17 条的谅解》中，为"国营贸易企业"提供了一个非约束性的"工作定义"：指那些已被授予专有或特殊权利或特权（包括法定或宪法权力）的政府或非政府企业（如市场委员会），在行使这些权利或特权的过程中，通过购买或出售手段进而影响进出口水平或方向的企业。此类论述进一步引发了以下争议：首先，由于将未获得专有权或特权的国家企业排除在外，该定义是否缩小了国营贸易企业的范围；其次，该定义仍未对"专有权或特权"的概念作出明确界定；最后，尽管该定义认为国营贸易企业应为对国际贸易具有一定影响的企业，但关于影响程度的具体标准并未进一步明确。[①] 无论如何，这一定义不仅凸显了国营贸易企业所必需的关键行为特征，即通过购买或销售活动来产生影响，而且明确指出，企业的所有权、控制权等因素在判断其是否为国营贸易企业时并不具有决定性意

[①] Mastromatteo Andrea. WTO and SOEs: Article XVII and Related Provisions of the GATT 1994 [J]. World Trade Review, 2017, 16 (4): 601-618.

义。[①] 但是，在 CPTPP 中，美国仍然坚持其在《北美自由贸易协定》中对国有企业的界定时采用的"所有权或因所有权益而控制"标准。该标准不恰当地扩大了非歧视待遇和商业考虑规则的义务主体。

3.1.2.2　非歧视待遇要求突破了 WTO 涵盖协定的要求，扩大了适用范围

CPTPP 国有企业非歧视待遇条款的规定，均在 WTO 涵盖协定基础上进行了适度扩展，明确将最惠国待遇和国民待遇原则无差别地适用于所有缔约方，总体上倾向于为国有企业参与国际贸易活动设定更多义务。这主要体现在以下三个方面。

第一，明确将国民待遇纳入国有企业非歧视待遇的范围之中。新一代区域贸易协定中的国有企业条款，相对于 WTO 涵盖协定，最显著的特点便是将非歧视待遇从仅包含最惠国待遇扩展到包含国民待遇。这表明，尽管在 WTO 未能对国营贸易企业商业活动施加国民待遇义务，但早在《北美自由贸易协定》签订时期，成员就开始寻求摆脱这一桎梏的方式，在区域和双边贸易协定中探索、发展、深化非歧视待遇的规制内容与范围。承认国民待遇作为非歧视待遇的一部分已是一种在多边贸易体制之外达成的共识。

第二，对国有企业商业活动的规制范围由销售扩展到购买和销售。在《北美自由贸易协定》国有企业条款的非歧视待遇中，仅规制货物或服务的销售环节。例如，根据《北美自由贸易协定》第 1503 条，缔约方保证其国有企业在销售商品或服务时，对来自其他缔约方的投资（企业）给予非歧视待遇。而 CPTPP 国有企业非歧视待遇条款已经从销售环节扩展到销售与购买，要求缔约方保证其境内的国有企业在购买货物或服务时，给予其他缔约方企业提供的同类货物或服务以及该缔约方境内提供同类货物或

[①] 陈瑶. 新一代区域贸易协定对非歧视待遇与商业考虑条款的重塑［J］. 上海海关学院学报，2021，42（1）：109.

服务的企业非歧视待遇。

第三，适用范围从货物贸易向服务贸易和投资领域拓展。CPTPP 的国有企业非歧视待遇条款要求国有企业在服务贸易中给予另一缔约方服务提供者与服务的待遇不得低于其给予本国、其他缔约方或非缔约方的服务提供者及其提供的同类服务的待遇。并且，非歧视待遇开始向边境后延伸，即要求缔约方保证其国有企业在进行货物和服务贸易的购销活动中，对其国内企业，不论其投资者的国籍如何，给予国民待遇与最惠国待遇。

以服务贸易中的非歧视待遇为例，国有企业非歧视条款在服务贸易领域适用的逻辑在于，考虑到国有企业在服务业中的普遍存在，要求国有企业的运营应与商业服务提供者一样，以价格作为其竞争行为的基础，以避免国有企业或基于其规模或由于政府支持而滥用其优势，从而使其他服务提供者处于不利地位。

CPTPP 国有企业非歧视待遇条款对 GATS 的突破主要体现在以下两个方面：第一，对另一缔约方提供的服务的待遇的比较对象是本国企业、其他缔约方和非缔约方提供的同类服务；第二，将 GATS 中国民待遇作为一项具体承诺发展到一项普遍承诺。在 GATS 背景下，对于国民待遇只是具体承诺要求，而它出现在国有企业非歧视条款中，便成了一项一般性的义务。这实质上意味着 WTO 非歧视原则原本在 GATS 中受到的部分侵蚀得到了一定程度的矫正，体现了国有企业非歧视条款对 GATS 的强化。当然，这一义务也受到一定的限制，缔约方可以通过将国有企业的相关不符活动列入附件减让表的方式，排除该义务的适用。[①]

总之，在全球经贸领域，相较于传统的无歧视待遇条款，CPTPP 的相关条款呈现出以下独特之处：第一，承担无歧视待遇义务的主体为企业，而非缔约方。缔约方的职责在于确保国有企业提供无歧视待遇。第二，无

[①] 陈瑶. 新一代区域贸易协定对非歧视待遇与商业考虑条款的重塑 [J]. 上海海关学院学报，2021，42（1）：111-112.

歧视待遇首先以单一规范范式呈现，在具体阐述时明确涵盖了最惠国待遇和国民待遇两项条款。第三，无歧视待遇涉及国有企业在货物和服务领域中所有影响国际贸易和投资的行为，核心关注点在于确保同一市场中的所有行为主体处于公平竞争的环境。此外，相关市场不仅包括缔约方国内市场，还包括其他缔约方市场和第三方市场，范围相当广泛。①

3.1.2.3 商业考虑规则的地位得到提升

依据 GATT 第 17 条第 1 款的规定以及世界贸易组织（WTO）争端解决实践，商业考虑被视为非歧视待遇的一项判断准则。国营贸易企业在国际贸易活动中得以保留并运用其特权。然而，在区域贸易协定中，商业考虑已转变为国有企业需遵守的一项独立义务，且多数情况下将其置于非歧视待遇之前，与之并列，以凸显其重要性。因此，在参与国际竞争活动时，国有企业应当和私营企业一样，遵循相关商业或行业中普遍适用的商业惯例。

需要指出的是，非歧视待遇并非严格意义上的最惠国待遇和国民待遇。国有企业可以基于商业考虑对非歧视待遇义务予以适度减损，这意味着商业考虑义务可构成非歧视待遇的一种例外。②

3.1.3 对 CPTPP 非歧视待遇与商业考虑条款的反思

一般认为，竞争中立要求国有企业不得因其政府所有而享有私营企业在相同条件下无法获得的竞争优势。但是，从上述 CPTPP 非歧视待遇与商业考虑条款的规定来看，国有企业承担非歧视待遇和商业考虑条款的义务

---

① 徐昕. 国有企业国际规则的新发展——内容评述、影响预判、对策研究 [J]. 上海对外经贸大学学报，2017, 24（1）: 15-16.

② CPTPP Article 17.4.3.

的前提，并非是否实际享有因其所有制而获得政府给予的不正当的竞争优势，而是国有企业身份本身。这其实就给国有企业参与商业活动同时施加了准政府义务和市场参与者的义务。①

3.1.3.1 国有企业非歧视待遇属于准政府义务

GATT 第 17 条第 1 款规定，国有企业享有非歧视待遇，旨在防止成员方通过国营贸易企业规避市场准入方面的减让承诺。因此，该条款本质上是将国营贸易企业作为成员方加以规制的。

国有企业不可避免地会受到本国政府政策的指导或影响，这也是国家设立或维持国有企业的根本原因。随着国有企业不断进入国际市场，政府对国有企业的影响力不仅限于国内市场，也可能波及国际市场。为了减少这种影响力，必须让国有企业在贸易活动中给予对方非歧视待遇，即承担缔约方政府所承担的义务，以最大限度减少对国际贸易和市场的扭曲。

在现实中，私营出口贸易公司的规模与影响力大于国有企业的例子并不罕见。例如，加拿大小麦局年贸易收入为 4 亿美元，而美国嘉吉公司的年贸易收入超过 500 亿美元。但在前者需承担各种形式义务的同时，后者却无须承担任何国际贸易法上的义务。

确实，国家政府对国有企业的影响力存在，相应地，私营企业也可能受到政府政策不同程度的影响。那么，政府对企业所产生的不同影响力之间，可以导致企业承担缔约方义务的界限在哪里？从当前文本分析，这一界限在政府对企业的控制程度。再进一步，国有企业非歧视义务的设置在于对国家参与经济活动的不信任态度。

国有企业非歧视条款是将国有企业作为"市场管理者"或者说"公共产品提供者"而非"市场参与者"的行为准则问题，其中并不包含真正的

---

① 陈瑶．新一代区域贸易协定对非歧视待遇与商业考虑条款的重塑［J］．上海海关学院学报，2021，42（1）：113．

竞争中立条约文本，而是对国有企业作为国际贸易参与者的歧视。

3.1.3.2 商业考虑义务是市场参与者的行为准则

在 GATT 第 17 条中，商业考虑指的是价格、质量、可获性、适销性、运输和其他买卖条件。WTO 争端解决实践对"商业考虑"的解释是要求国营贸易企业以对其受益人有利的方式行事。但是，具体行为是否符合需要逐案分析，包括企业和相关市场的各个方面。

然而，"以对其受益人有利的方式行事"可能因企业而异。某一企业对"商业考虑"因素的权衡和适用取决于具体情况，包括企业的规模、经营市场的特点、组织的类型、财务状况和市场竞争的程度。拥有大量资产的大企业可能愿意以信贷条件出售，而小企业则不愿意。两家企业的行为都是出于商业考虑，尽管它们的行为是相反的。

商业考虑要求并不禁止国营贸易企业利用其所享有的特权或优势，从而使私营企业处于不利的竞争地位。相反，国营贸易企业与私营企业都有权利用自身优势追求经济利益。

CPTPP 整合了《北美自由贸易协定》第 1503 条和第 1505 条对商业考虑的相关表述，将其独立于并超越非歧视待遇的要求，明确界定"商业考虑"为：相关行业或产业私营企业商业决策中通常考虑的价格、质量、可获性、适销性、运输和其他购销条件及其他因素。

国有企业商业考虑义务属于国有企业作为市场参与者所需要遵守的行为准则，能促进国有企业在市场上像私营企业一样行事。商业考虑表面上是对国有企业的要求，但其贯彻落实同样需要政府抑制干预冲动，实质上也是对政府提出了不干预企业经营行为、不对国有企业施加政治任务的要求。

因此，商业考虑义务本质上是要求政府不因所有权而对国有企业进行干预，不得要求国有企业去履行或完成与相关行业中私营企业基于商业因素和惯例的行为不相符合的政治任务，实现运营阶段的政企分离。尽管并未提及竞争中立的表述，但是商业考虑义务旨在去除国有企业的因公影响，从而营造公平竞争的环境，体现了竞争中立的内在要求。

3.1.4 本节小结

综上所述，CPTPP中关于非歧视待遇与商业考虑条款的核心内容包括以下三点。

首先，将商业考虑义务置于非歧视待遇之前，要求国有企业在参与国际贸易活动中需如私营企业般行事，避免利用政府所有权所赋予的不正当竞争优势。其次，在国际贸易活动中，国有企业基于商业考虑因素产生的差别待遇并不被视为违反非歧视待遇。最后，当国有企业根据公共服务指令提供或购买货物及服务时，只需遵循非歧视原则，而无须遵守商业考虑义务。

通常，非歧视性待遇主要关注政府行为，然而，在CPTPP该条款中，明显侧重于企业行为。因此，在该规则下，承担非歧视待遇义务的是国有企业，而非缔约方政府。CPTPP国有企业规则下的非歧视待遇具有明显的指向性，是为国有企业量身定制的，国有企业在本条下承担的不合理义务显然被进一步加重了。

3.2 非商业援助规则

非商业援助可理解为针对国有企业实施的专项补贴。[①] 该概念源于《跨太平洋伙伴关系协定》（TPP）制定时期，彼时国有企业规则首次在区

---

① 任宏达. CPTPP非商业援助条款解析思辨及中国的应对［J］. 国际法研究，2023（2）：78.

域经贸协定中独立于竞争政策章节，而非商业援助则是国有企业条款（章节）的核心内容，对国有经济占主导地位的经济体产生较大压力。此后，《全面与进步跨太平洋伙伴关系协定》（CPTPP）完整保留了国有企业条款（章节），美式国有企业补贴规则在区域层面的影响力得以进一步扩大。我国于2021年9月正式提出加入CPTPP的申请，因此如何应对这一挑战成为学界关注的焦点。[1]

3.2.1 CPTPP非商业援助规则的基本内容

CPTPP非商业援助规则是美国主导的区域贸易协定中针对国有企业量身定制的全新的、歧视性的补贴规则的尝试。其主要内容体现在CPTPP第17.1条、第17.6条、第17.7条、第17.8条和附件17-C之中，其中第17.1条中有专门的"非商业援助"的定义性规定，第17.6条是非商业援助的规定，第17.7条是对不利影响的规定，第17.8条是对损害的规定，附件17-C中包含对CPTPP国有企业条款的非商业援助和不利影响规则对国有企业提供服务在非缔约方市场上赞成的不利影响的约束，进行进一步

---

[1] 相关研究主要有：Weihuan Zhou. Rethinking the (CP) TPP as a model for regulation of Chinese state-owned enterprises [J]. Journal of International Economic Law, 2021, 24 (3): 572-590. Raj Bhala. Exposing the forgotten TPP chapter: Chapter 17 as a model for future international trade disciplines on SOEs [J]. Manchester J. Int'l Econ. L., 2017 (14): 2. 秦祥瑞. CPTPP非商业援助规则对国企的影响与应对措施 [J]. 商业观察, 2023, 9 (32): 97-101.《政府补贴的国际规则——〈反补贴协定〉与非商业援助制度比较研究》简介 [J]. 宁波大学学报（人文科学版）, 2023, 36 (5): 2. 赵圣华. CPTPP协定非商业援助条款对国有企业的影响 [J]. 北方经贸, 2023 (8): 30-32. 任宏达. CPTPP非商业援助条款解析思辨及中国的应对 [J]. 国际法研究, 2023 (2): 78-98. 李本. 我国国企制度对接CPTPP非商业援助规则的挑战与突破 [J]. 江淮论坛, 2022 (6): 97-106. 蒋奋, 周威. CPTPP对国有企业的补贴规制与中国因应 [J]. 浙江大学学报（人文社会科学版）, 2021, 51 (6): 187-200. 成先平, 刘伊明. 论CPTPP非商业援助规则的适用 [J]. 邯郸学院学报, 2022, 32 (2): 82-88. 岳倩倩. CPTPP非商业援助条款研究 [D]. 郑州：河南大学, 2022. 陈瑶, 应力. 非商业援助条款对国企补贴规制与中国因应策略 [J]. 经济纵横, 2022 (3): 79-86.

谈判的规定。CPTPP 对非商业援助条款的设计基本沿用世界贸易组织（WTO）SCM 协定中的补贴条款，但是在非商业援助主体、非商业援助范围、不利影响和损害等方面放宽了多边补贴规则的标准。

总体而言，CPTPP 非商业援助规则大大降低了对国有企业征收反补贴税的难度，被视为新的、高标准的"国际贸易补贴规则"。可以说，CPTPP 国有企业规则的根本性变革是创造了非商业援助制度，创造这一制度，有效排除了认定国有企业提供补贴、采取救济措施的困难，成为专门针对从事商业活动的国有企业的一种制度。①

3.2.1.1 非商业援助的概念界定：第 17.1 条

CPTPP 国有企业条款中的"非商业援助指国有企业凭借其政府所有权或控制权而获得的援助"②，所谓"非商业援助"本质上是指专门提供给国有企业的补贴。非商业援助行为可分为两类：一是直接的资金转移或间接的资金或债务转移，如赠予和债务免除、优于商业可获得条件的融资、不符合通常投资实践的投资；二是优于商业可获得条件提供货物和服务，但一般性基础设施除外。这一定义在很大程度上参考了世界贸易组织（WTO）《补贴与反补贴措施协定》规则下对"补贴"的定义。

3.2.1.2 非商业援助主体的认定

在非商业援助的主体方面，国有企业在提供者和接受者两个角色上均受到约束。③ 从提供者的角度来看，世界贸易组织（WTO）《补贴与反补贴措施协定》（SCM）中将补贴的提供者定义为"政府或公共机构"。其中，国有企业是否被视为"公共机构"是一个关键问题。根据 WTO 争端

---

① 韩立余. TPP 国有企业规则及其影响 [J]. 国家行政学院学报，2016（1）：85.
② CPTPP Article 17.1.
③ 李思奇，金铭. 美式国有企业规则分析及启示——以 NAFTA、TPP、USMCA 为例 [J]. 国际贸易，2019（8）：93.

解决机制的过往判例，成员国需按照"一案一议"的原则来判断国有企业是否属于"公共机构"。这意味着，国有企业并未被强制认定为"公共机构"，即补贴的提供者。然而，在《跨太平洋伙伴关系协定》（TPP）和《美国—墨西哥—加拿大协定》（USMCA）中，避免了"公共机构"的认定，明确规定非商业援助的提供者可以为国家企业和国有企业，从而拓宽了援助提供者的认定标准。

从接受者的角度来看，TPP将非商业援助定义为"依据政府对国有企业的所有权或控制而给予该企业的支持"。这里的国有企业不仅包括国内企业，还涵盖通过海外投资设立的国有企业，从而扩大了世界贸易组织（WTO）《补贴与反补贴措施协定》中将补贴定义为"在一成员领土内"由政府或任何公共机构提供的财政资助的范围。

3.2.1.3 非商业援助行为的认定

在CPTPP第17.1条界定了"非商业援助"的定义的基础上，第17.6条规定了非商业援助行为的认定标准。

第一，第17.6.1条规定，在一缔约方A的国有企业生产和销售货物、跨境提供服务、通过境外投资企业向另一缔约方B提供服务时，缔约方A给予其国有企业的非商业援助不得对另一缔约方B的利益造成不利影响。

第二，第17.6.2条规定，缔约方A的国有企业生产和销售货物、跨境提供服务、通过境外投资向另一缔约方B提供服务时，缔约方A应确保其国家企业和国有企业给予任一国有企业的非商业援助不得对另一缔约方B的利益造成不利影响。需要注意的是，该条规则中虽然非商业援助的提供者是一缔约方的国有企业或国家企业，但义务的承担主体是缔约方。缔约方有义务确保其国有企业或国家企业不从事此类行为。该义务形式类似于"商业考虑和非歧视义务"下缔约方对国有企业和指定垄断的"确保义务"。从法律责任的角度看，国有企业和国家企业的特定行为将归责于缔约方政府。

第三，第 17.6.3 条规定，当缔约方 A 通过投资在另一缔约方 B 境内设立国有企业时，缔约方 A 向该国有企业提供的非商业援助，不得通过在另一缔约方 B 境内生产或销售货物，对该缔约方 B 生产同类产品的国内产业造成损害。同时，非商业援助规则特别规定，国有企业在其母国境内提供服务被推定为不会造成不利影响。

可见，CPTPP 对缔约方国有企业提供的非商业援助予以严格限制（第 17.6.1 条），同时禁止国有企业之间的交叉援助（第 17.6.2 条）。针对这两方面，第 17.6 条明确规定，不得因此对其他缔约方的利益产生不利影响。此外，第 17.6.3 条还规定，缔约方对本国海外投资的国有企业提供非商业援助亦受到限制，并要求此举不得对另一缔约方的国内产业造成损害。①

需要说明的是，第 17.6 条所使用的不利影响和损害这两个概念，在第 17.7 条和第 17.8 条有着不同于 SCM 协定的定义。

3.2.1.4 "不利影响"的认定规则

根据第 17.7 条，所谓"不利影响"是指非商业援助导致的"取代或阻碍"效果，或是"价格大幅削减"效果。具体来说，取代或阻碍某种货物或服务是指"已证实存在不利于同类货物或同类服务的相对市场份额的显著变化之任何情况"，包括但不限于以下表现形式："国有企业的货物或服务市场份额显著增长；国有企业的货物或服务市场份额保持不变，但如果没有非商业援助，将会大幅降低；国有企业的货物或服务市场份额虽有降低，但降低速度显著慢于无非商业援助的情况。"此类情况均属于相对市场份额显著变化的范畴。而价格大幅削减则是指"显著的价格抑制、价

---

① 徐昕. 国有企业国际规则的新发展——内容评述、影响预判、对策研究 [J]. 上海对外经贸大学学报，2017, 24（1）: 16.

格压低或销售损失"。不利影响可能源自跨境贸易，也可能源自商业存在。

可见，不利影响可分为两类：一是市场侵占，二是价格影响。市场侵占是指在同一市场中，排斥或阻碍其他缔约方企业提供同类货物或服务。如前所述，此类市场包括接受非商业援助的国有企业的本国市场，以及作为涵盖投资所涉企业存在的另一缔约方市场，还包括其他非缔约方市场。价格影响则指在同一市场中，大幅降低其他缔约方同类货物或服务的价格，或对其产生显著的价格抑制、价格压低或销售减少。[①]

CPTPP 主要从以下五个方面来判断不利影响是否存在：一是在国有企业母国境内，是否存在替代或阻碍其他缔约方出口的同类产品，或其他缔约方的涵盖投资生产的同类产品；二是在其他缔约方市场内，是否存在替代或阻碍其他缔约方涵盖投资生产销售的同类产品，或其他缔约方出口的同类产品，或者是替代或阻碍了其他缔约方向非缔约第三方的出口；三是在另一缔约方市场内，是否存在与其他缔约方同类产品的进口价格或涵盖投资生产的同类产品价格相比，明显的价格削低，或者价格抑制、价格压制或销售损失；四是在国有企业母国境内，是否存在受非商业援助的国有企业提供的服务，替代或阻碍了其他缔约方服务提供者提供的同类服务；五是在另一缔约方市场内，是否存在与其他缔约方服务提供者提供的同类服务价格相比，明显的价格削低，或者价格抑制、价格压制或销售损失。

3.2.1.5 "损害"的认定规则

根据第 17.8 条的规定，"损害"是指"对一国国内产业的实质性损害、对国内产业的实质损害威胁或对建立该产业的实质阻碍"。与不利影响不同的是，在第 17.6 条第 1 项、第 2 项中，缔约方及其国有企业、国营企业均有义务保证其不得提供对另一缔约方利益造成不利影响的非商业援

[①] 徐昕. 国有企业国际规则的新发展——内容评述、影响预判、对策研究 [J]. 上海对外经贸大学学报，2017，24（1）：16.

助,而在第 17.6 条第 3 项中,只有缔约国需要遵守不得提供对另一缔约方国内产业造成损害的非商业援助的义务(国营企业、国有企业无此义务)。损害仅限于国有企业作为另一缔约国商业存在时造成的损害或阻碍。

可见,在损害的认定上,CPTPP 和 WTO 的反倾销和反补贴规则相似,主要体现为对国内产业造成的实质损害、实质损害威胁或实质阻碍,且可以从对国内产业的数量影响和价格影响两个方面进行产业损害认定。另外,对于接受非商业援助的涵盖投资造成产业损害的情形,相关规则规定应分析所涉投资的产量、市场份额、价格影响等,并规定了产业实质损害威胁和实质阻碍的考虑因素。非商业援助规则中"不利影响"以及"损害"的认定规则在很大程度上参照了 WTO《补贴与反补贴措施协定》的内容。

总之,非商业援助规则是 CPTPP 第 17 条中最重要的规则创新,其在很多方面区别于 WTO 的《补贴与反补贴措施协定》。最重要的区别体现在规则约束的范围方面,非商业援助规则不仅仅限于约束涉及国有企业的货物贸易中的潜在补贴行为,更扩展到了服务和投资领域的补贴行为。但应注意到的是,CPTPP 第 17 条中对于非商业援助没有提供单边的救济方式,但在 WTO 规则下,只要符合规则要求,一成员对于另一成员受到补贴的出口产品可以采取单边的救济措施,如征收反补贴税,而在 CPTPP 规则下一方不能直接援引 CPTPP 第 17 条规则采取单边的救济措施。

3.2.2 CPTPP 非商业援助规则的反思

CPTPP 国有企业条款的核心,不在于简单地确认竞争中立,而在于非商业援助规则。[①] CPTPP 中非商业援助条款简化了 SCM 协定中补贴的认定流程,对其中有争议的要素直接省略,从而扩大国有企业补贴规则的适用

---

① 韩立余. TPP 国有企业规则及其影响 [J]. 国家行政学院学报,2016(1):87.

范围。① 从本质上讲，非商业援助规则是为 CPTPP 所界定的国有企业量身打造的特殊补贴规则，极大地降低了认定国有企业非商业援助的难度，从而扩大了针对国有企业补贴规则的适用范围。

首先，在"补贴"定义方面，非商业援助中对援助（Assistance）的定义基本上借鉴了 SCM 协定中关于补贴定义的财政资助概念（Financial Contribution）。根据 CPTPP 第 17.1 条的规定，援助提供者包括缔约方政府和缔约方国有企业。结合 TPP 协定对国有企业的认定标准，这一标准在一定程度上参照了美国商务部判定国有企业是否属于 SCM 协定下的公共机构时所采用的"五要素考量法"。CPTPP 如此规定，绕开了中美双反措施案中上诉机构对公共机构的解释认定，直接将国有企业的指定行为认定为非商业援助而加以限制。相较于 SCM 协定，非商业援助涵盖的范围更大，对新兴经济体国有企业带来的冲击更强。

其次，与 SCM 协定中判定补贴是否具有专向性的标准相比，TPP 协定作为针对国有企业专门制定的补贴规则，其专向性认定更为简便。通过将非商业援助定义中的"凭借国有企业的政府所有权或控制权"的解释与 SCM 协定第 2.2 条（c）项中的事实上专向性对比联系起来，这一标准虽然没有我国加入世界贸易组织协定书中对国有企业补贴专向性规定严格，但通过区域贸易协定的形式，对国有企业援助是否具有专向性的标准专门化意味着更多的新兴经济体下的国有企业容易受到影响。

最后，根据 SCM 协定第 1.1 条（a）对补贴规则适用范围的界定，其所涉及的补贴仅包含某一成员国领土内的货物贸易领域。而非商业援助，根据 TPP 协定第 17.6 条规定，非商业援助的接受者既包括国内企业，也包括通过海外投资设立的国有企业，同时 TPP 非商业援助条款也适用于服务贸易领域。相较于 SCM 协定适用范围的扩大，其背后原因在于涉及国有

---

① 何剑波.全球多边贸易格局重塑背景下国有企业补贴规则研究——以"竞争中性"原则为视角［J］.南海法学，2018，2（6）：78.

企业的世界经济活动内容不再局限于货物贸易领域,各国之间的跨境服务贸易、跨境投资、跨境金融活动也日趋频繁。新兴经济体国有企业无论是参与国际服务贸易,还是通过海外投资设立国有企业,都在一定程度上不可避免地受到产业政策激励。此类援助在受竞争中立规则指导的 TPP 协定下很容易被认定为非商业援助。

3.2.3 本节小结

CPTPP 中所规定的非商业援助规则,是美国对现行反补贴制度不满的产物,深刻体现了美国对改革反补贴规则的迫切需求和全新诉求,是其重构反补贴规则战略的关键环节。[①] CPTPP 对非商业援助进行了明确定义,涵盖了政府和国有企业之间,以及国有企业之间的财政援助,并详细列举了多种财政援助形式。在判断非财政援助方面,CPTPP 采纳了《补贴与反补贴措施协定》中的认定方法和规则,从而为美国当局针对国有企业开展反补贴调查提供了便利。

3.3 透明度规则

3.3.1 CPTPP 国有企业透明度规则的主要内容

CPTPP 国有企业条款的透明度规则主要规定在第 17.10 条,其明确规定:①各缔约方应在协定生效后的六个月内,向其他缔约方公布其国有企业名单,此后应每年更新。同时,各方亦可在官方网站上同步发布此信

---

① 王晨曦. 美国主导的国有企业国际造法:历史进程、核心内容及应对策略 [J]. 南京理工大学学报(社会科学版),2021,34(1):23.

息。②各方应立即向其他缔约方或在官方网站上公布以下信息：指定垄断或扩大现有垄断范围的情况，以及相关指定条款。③在收到另一方书面请求后，一方应及时披露国有企业或政府垄断的情况，并说明其可能对各方间贸易或投资产生的影响。披露内容应包括但不限于以下内容：国有股权和投票权的比例；国有特殊股权、投票权或其他权利的情况；政府官员在企业董事会的任职情况；企业近三年的年度收入和总资产情况；企业根据缔约方法律享有的任何豁免情况；以及应书面请求公开的其他可获得的年度财务报告和第三方审计报告等信息。④在收到另一方书面请求后，一方应及时披露非商业援助的情况，并说明其可能对各方间贸易或投资产生的影响。[1]

可见，按照 CPTPP 的规定，缔约方需在四个方面遵循国有企业透明度的要求。第一，缔约方应通报其国内国有企业名单，并适时更新；第二，缔约方应主动公开指定垄断企业相关信息，并及时通报垄断范围扩大的情况；第三，当其他缔约方提出请求时，缔约方需披露本国政府或国有企业的垄断状况和非商业援助情况，并通报因垄断导致的对请求缔约方的损害。[2] 第四，在程序方面，CPTPP 要求将缔约方的主动披露和被动披露义务相结合，股权、人事、经营、财务、非商业援助和股权注资皆为可披露内容，从而严格确保国有企业运营透明，使其他企业在程序上实现与国有企业的竞争平等，进而实现竞争中立目标。以上内容旨在促进缔约方之间的贸易和投资透明度，确保公平竞争环境。

透明度规则将缔约方应公开的信息分为主动公开的信息和应请求公开的信息两类。主动公开的信息包括国有企业名单、指定垄断名单、现有垄断范围的扩大以及指定垄断中"指定"所含条件。

---

[1] CPTPP Article 17. 10.

[2] 张鹏文. 中国加入 CPTPP 的国有企业规则障碍与破解思路 [CD] // 上海市法学会. 《上海法学研究》集刊 2022 年第 3 卷. 《中国学术期刊（光盘版）》电子杂志社有限公司，2022：7，21.

应请求公开的信息可以分为国有企业或政府垄断的信息，以及非商业援助的任何政策或计划的信息。国有企业或政府垄断的信息包括股份比例和累计投票权比例、特殊股份或特别投票权、董事会任职或作为成员的任何政府官员、最近三年年收入和总资产、该实体所获益的任何免除和豁免以及可公开获得的任何额外信息，包括年度财务报告和第三方审计情况。

非商业援助的任何政策或计划的信息包括非商业援助的形式，提供方和接受方的名称，法律依据和政策目标，非商业援助的单位金额或总金额或年度预算金额，以贷款或贷款担保形式的金额、利率和收费，以权益资本形式的政策、金额、股份数量以及对潜在投资决策开展的任何评估，政策或计划的存续时间，以及可用以对非商业援助对缔约方之间贸易或投资的影响进行评估的统计数据。

3.3.2 对 CPTPP 国有企业透明度规则的反思

鉴于透明度对国有企业规制的意义尤其重大，CPTPP 国有企业条款率先形成了标准高、效力强、"硬法化"的新一代透明度规则。[1]

3.3.2.1 信息披露范围广泛、内容细致

CPTPP 中的国有企业透明度规则在披露范围方面的要求已经超越了世界贸易组织（WTO）的规定，甚至超出了公司法通常仅对上市公司实施严格信息披露的范畴。这一规则特别关注国有企业的独立性和经济运营的关键信息，旨在提高透明度，防止权力滥用和腐败现象。

首先，CPTPP 中的国有企业透明度规则要求披露的内容广泛，涵盖了企业运营的各个方面。这些内容包括企业的财务状况、业务运营、公司治理、股权结构、关联交易等，以确保国有企业在全球市场竞争中具备公平

---

[1] 刘雪红. "国企条款"的历史演绎与法理逻辑[J]. 法学，2023，495（2）：173.

性和透明度。这一规则有利于提升国有企业的国际形象,增强国内外投资者对其的信任度。

其次,高标准的披露要求有助于预防和遏制国有企业内部控制人滥用职权及腐败现象。在严格的披露要求下,国有企业的高管和员工将更加谨慎地行使权力,遵循法律法规和公司制度。这有助于维护国有企业的健康发展,确保国家利益的实现。

再次,严格的披露要求可以激励国有企业的代理人和内部人员自律。在高度透明的环境下,企业人员意识到自己的行为将受到严格监督,从而自觉遵守法律法规,提高企业治理水平。

最后,降低股权行使成本是国有企业透明度规则的重要目标之一。通过高标准的信息披露,国有企业股东可以更加便捷地了解企业的运营状况,行使股东权利。这有助于提高国有企业的经营效益,实现国家财富的增值。

总之,CPTPP 国有企业透明度规则对披露范围的要求已超出 WTO 规定的要求,并超越了我国国内公司法通常仅对上市公司实施严格信息披露的范畴。这一规则有助于提高国有企业的透明度,防止权力滥用和腐败现象,激励代理人和内部人员自律,降低股权行使成本,从而促进国有企业健康发展,实现国家利益。在当前全球化背景下,积极参与国际经贸合作,严格遵守国际规则,是我国国有企业改革和发展的必然选择。

3.3.2.2 透明度规则强化了信息披露义务的刚性要求

首先,结合主动告知与请求机制,简化沟通程序。一方面要求相关方主动公开国有企业活动信息,另一方面规定可通过请求机制获取国有企业相关信息。例如,CPTPP 第 17.10.3 条即作出此类规定。美国与新加坡、智利、澳大利亚、秘鲁、哥伦比亚及韩国的自由贸易协定亦存在相似规定。

其次，要求对提供的信息负责，主动评估相关行为的影响，并具备自我解释"无害"的隐性要求。如 CPTPP 第 17.10.5 条所述，"提供的信息应足够具体，使提出请求的缔约方能够理解政策或计划的运营情况，并对政策或计划及其对缔约方之间贸易或投资的影响或潜在影响进行评估"。

最后，设立透明度义务的激励与救济制度。CPTPP 附件 17-B《关于国有企业和指定垄断的信息形成过程》规定，专家组可对一方在信息收集过程中的不合作情况作出不利推论，并具备主动收集获取相关信息的权力。此规定与《反倾销协定》第 6.8 条"可获得最佳信息"规则的逻辑相似。早在"加拿大小麦案"中，国有企业以商业秘密为由不提供必要信息的问题就已暴露。因此，"需设计机制以鼓励国营企业提供对其认定'有罪'或'无辜'的信息……（可）假设国营企业不提供所需信息即构成违法的表面证据，允许原告方实施制裁，直至其向专家组提供信息"。

3.3.2.3 引入第三方专业监督机制和多元的惩罚措施

在提升透明度的他律手段方面，除了公众监督和舆论干预外，还可以设立专业工作委员会和争端解决机制等方法。例如，CPTPP 第 17.12 条规定，设立常设的国有企业和指定垄断委员会负责日常执行监督透明度义务，组织相关方磋商谈判并持续督促或施压，避免一方不披露就不了了之的情况。此外，各类惩罚手段也在讨论和形成中，未来有望成为开放性国企条款的内容。2019 年，澳大利亚、加拿大、欧盟、日本、美国等向 WTO 提交的《加强 WTO 协定下的透明度和通知要求的程序建议》提出，应对不履行通知义务的违规行为进行行政性处罚，根据违反程度设计不同的处罚手段，如限制成员担任世贸组织机构主席、其他成员可不回答其提问、按照年费的一定比例收取罚款、通报批评、将发言权后置，以及贴上

"延迟通知"会员的标签等。①

3.3.3 本节小结

在透明度规则方面，CPTPP 透明度义务更加严格，明确了其主动通报的义务。需关注的是，CPTPP 还要求缔约方披露垄断和非商业援助的情况，并需说明一方披露本国国有企业的垄断或非商业援助可能如何影响各方间的贸易和投资。此外，CPTPP 还规定了缔约方的两项主动披露义务。一方面，国有企业条款中科学适度的透明度规则有助于国有企业参与国际经济活动，能够确保国际经贸合作的顺利进行，同时有助于实现实体正义。建立充分且有效的信息披露与沟通机制，对于消除国有企业经贸合作中的误解及政治冲突具有至关重要的作用。因为"把价值问题转换为程序问题来处理，是打破政治僵局和文化差异的一个明智选择"②。另一方面，严格的透明度要求增加了企业负担，与我国当前的信息披露水平不相适应。近年来，我国企业，尤其是国有企业，其信息披露水平呈不断提升之势，这也是我国愿意并能够接受 CPTPP 中国有企业透明度义务的关键原因。然而，必须认识到，我国当前企业的信息披露水平与西方发达国家相比仍有差距。CPTPP 的透明度要求极为严格，对企业披露的信息量、披露频率以及披露要求均有更高标准。

除我国当前披露水平有限之外，CPTPP 本身的透明度规则亦存在不合理之处，并对我国产生不利影响。CPTPP 除要求缔约方进行披露外，还规定缔约方需定期披露国有企业情况，这在一定程度上增加了我国负担。此外，CPTPP 要求缔约方在披露时说明非商业援助行为对另一缔约方所造成

---

① WTO, Procedures to Enhance Transparency and Strengthen Notification Requirements Under WTO Agreements. (JOB/GC/204/Rev. 1 JOB/CTG/14/Rev. 1)

② 谢晓尧. WTO 透明度：固有价值与保障机制 [J]. 法学, 2003 (1): 72-76.

的损害情况。此类信息披露涉及新型反补贴规则中的非商业援助，在该规则下，实施反补贴措施的一个重要前提是证明损害存在。主动披露非商业援助对他人造成的损害，无异于自证其罪。这种举证责任分配和信息披露义务未能实现逻辑自洽，存在明显缺陷。因此，一旦我国披露损害情况，将便于其他国家发起针对中国的反补贴调查，对我国产生诸多不利影响。

3.4 例外规则

"例外规则"在国际条约中通常被视为对不符合一般条款适用情况、条件及内容等方面进行规定的条款。从对"例外"的文义理解和宗旨解释出发，全面深入分析CPTPP关于"例外"的规则体现，可以发现其呈现两个层次：首先，在第2章设立"例外和一般规定"专章，通过"一般例外""安全例外"以及"临时保障措施"等条款进行总体安排；其次，在其他各章节中穿插各类具体例外规则，或以附件形式呈现的各种例外规定。[1] 本节只讨论CPTPP"国有企业和指定垄断"章节中的例外规则，主要涉及针对特定主体的国有企业的例外规则和国别例外规则。

3.4.1 CPTPP国有企业条款例外规则的主要内容

CPTPP第17条"国有企业和指定垄断"针对国有企业补贴问题设立了非商业援助制度，并配套"非歧视待遇""商业考虑"及"透明度"等要求，对国有企业的经济运营方式、补贴认定及信息披露等进行了系统性的规范。

---

[1] 李本. CPTPP国有企业规则例外条款：解构与建构 [J]. 上海对外经贸大学学报，2023，30（3）：5.

然而，若过于严苛且划一的规定忽略各成员国的特殊情况，无疑将对公平性和竞争中立原则造成另一种破坏。事实上，在国际社会竞争中性原则的发展过程中，政府或其他国有企业对公益类国有企业提供非商业援助，以弥补其公共产品和服务成本的做法，已被普遍认为具有正当性。在部分 CPTPP 国有企业规则过于严格的情况下，应设立例外规则，为国有企业发挥其公共职能及落实环境社会责任提供空间，修正 CPTPP 国有企业规则过于严苛所带来的所有制非中性效应，从而真正体现竞争中性原则。[①]

宽泛的国有企业定义使得纳入规制的国有企业范围有所扩大，然而国有企业的例外又使得本来需要纳入规制的很大一部分国有企业被排除在外。国有企业条款的例外是 CPTPP 国有企业条款的一大特色。CPTPP "国有企业和指定垄断"章节规定了较为复杂的范围排除和例外。

3.4.1.1 针对特定主体的国有企业的例外规则

这一类例外规则针对特定主体的国有企业[②]，主要涉及主权基金或养老基金，也包括中小企业和次中央级国有企业。

（一）主权财富基金例外规则

主权财富基金是指由缔约方拥有或通过所有者权益控制的满足下列两个条件的企业：第一个条件是"仅作为使用缔约方的金融资产进行资产管理、投资及相关活动的具有特殊目的的投资基金或安排依据"[③]，第二个条件是"属于主权财富基金国际论坛的成员或采纳'圣地亚哥原则'[④]，或认

[①] 李本. CPTPP 国有企业规则例外条款：解构与建构［J］. 上海对外经贸大学学报, 2023, 30（3）：7.

[②] CPTPP 第 17.1 条定义条款对多个主体进行了明确的定义，其例外规则涉及的主体除国有企业外，还有主权货币基金、独立养老基金等。本书为方便论述，一律统称为国有企业。

[③] CPTPP Article 17.1.

[④] "圣地亚哥原则"是为协调主权财富基金母国与投资接受国的关系，由国际货币基金组织（IMF）主权财富基金工作小组联合各主权财富基金母国共同协商制定。"圣地亚哥原则"对主权财富基金法人治理结构、信息披露、风险管理三个方面提出了规范性要求。

可缔约方可能同意的其他此类原则和实践"①。第一个条件是从所有权、资金来源、经营活动、使用目的这四个要素②来描述主权财富基金的定义。第二个条件是对前一个条件的限定,目的是为 CPTPP 框架下主权财富基金的开放式定义加以适度收缩,同时对适用例外情况提出了明确要求。③ 作为例外规则原则上 CPTPP 国有企业条款(章节)不适用于主权财富基金,④ 但是,有两种情形仍能适用国有企业条款(章节)相关规定。其一是第 17.6.1 条和第 17.6.3 条(非商业援助)应适用于缔约方通过主权财富基金间接提供非商业援助的情况;其二是第 17.6.2 条(非商业援助)应适用于主权财富基金提供非商业援助的情况。也就是说,国有企业条款不适用于主权财富基金,除非该主权基金或缔约方通过该基金提供或者间接提供非商业援助。

主权财富基金的投资领域可能触及金融市场、敏感及战略性行业,其海外投资行为时常遭受质疑,被认为具有政治目的和动机⑤。这主要是基于对主权财富基金海外投资所产生的除经济、金融之外的影响的担忧,以及由此引发的纷争。为解决这些问题,需要国际货币基金组织(IMF)主权财富基金工作组等依据"圣地亚哥原则"进行协调。因此,《全面与进步跨太平洋伙伴关系协定》(CPTPP)对此作出例外规定。⑥

(二)独立养老基金例外规则

独立养老基金是由缔约方拥有或通过所有者权益控制的满足下列两个

---

① CPTPP Article 17.1.
② 李本. CPTPP 国有企业规则例外条款:解构与建构[J]. 上海对外经贸大学学报,2023,30(3):8.
③ 李本. CPTPP 国有企业规则例外条款:解构与建构[J]. 上海对外经贸大学学报,2023,30(3):8.
④ CPTPP Article 17.2.5.
⑤ 赵小平. 主权财富基金开展对外投资所面临的外部投资环境和中国的对策[J]. 财贸经济,2009(6):17-22.
⑥ 李本. CPTPP 国有企业规则例外条款:解构与建构[J]. 上海对外经贸大学学报,2023,30(3):8.

条件的企业①：第一个条件是专门从事管理或提供养老金、退休金、社会保障金、残疾与死亡保障金、职工福利或其中的任何组合的规划，目的仅是保证属于该规划出资人的自然人及其受益人的利益，或者投资于以上规划的资产。也就是所谓的经营业务和目的条件。第二个条件是独立养老基金对（a）款（i）项中所指的自然人负有受信责任，且不受成员方政府投资指示的约束。也就是所谓的独立性条件。

根据 CPTPP 第 17.2.6 条的规定，对于缔约方的独立养老基金以及由其拥有或控制的企业原则上不适用国有企业条款。因为其投资活动旨在为社会和国民谋求福利，所从事的业务具有公共服务功能，具有社会公益属性。② 因此，在 CPTPP 的国有企业条款（章节）中，对从事商业性活动的国有企业进行规范时，对独立养老基金作出例外安排，符合国有企业的规制目的，也有利于实现独立养老基金的设立初衷。

同时 CPTPP 对其非商业援助行为进行了规制保留③。要求各缔约方不得直接或间接地向独立养老基金拥有或控制的企业提供非商业援助，亦不得通过独立养老基金拥有或控制的企业间接提供非商业援助。此举主要原因在于，上述两种行为可能引发市场扭曲。因此，适用"非商业援助"规则有助于确保国有企业规则对公平竞争环境的维护。

（三）中小型国有企业例外规则

CPTPP 中的国有企业条款（章节），对中小型国有企业作出了例外规定。根据该规定，年商业活动营业额低于 2 亿特别提款权的国有企业，不受"非歧视性待遇和商业考虑""非商业援助""透明度"以及"国有企业和指定垄断机构委员会"规则的约束。④ 在上述例外规定中，CPTPP 对

---

① CPTPP Article 17.1.
② 于海琪. CPTPP 国有企业规则的例外条款研究 [D]. 重庆：西南政法大学，2022：17.
③ CPTPP Article 17.2.6.
④ CPTPP Article 17.13.5.

文莱、马来西亚及越南的适用予以放宽。CPTPP 在相关条款注释中明确，在协定对其生效的五年内，针对门槛金额低于 5 亿特别提款权的国有企业，不适用"非歧视性待遇和商业考虑"及"非商业援助"规则。同时，CPTPP 还对例外条款的适用条件进行了详细说明。①

（四）次中央级国有企业例外规则

CPTPP 第 17.9.2 条及附件 17-D 明确规定，非歧视待遇和商业考虑原则、非商业援助制度、透明度规定以及法院和行政机构规则，对于次中央级政府拥有或控制的国有企业不适用。根据协定解释，次中央级政府指的是国家的地方一级政府，在我国即指省级及以下各级政府。② 如前所述，CPTPP 根据企业规模将中小型国有企业排除在国企规则适用范围之外，这一规定具备合理性，也为我国充分利用例外规则提供了可能。

3.4.1.2 国家经济安全例外规则

（一）金融监管例外规则

关于金融监管的例外规定，CPTPP 在国有企业条款（章节）第 2 条（范围）中作出明确规定。根据 CPTPP 的规定，金融监管涉及以下三种情形：首先，缔约方的中央银行或货币管理部门执行监管职责，或实施货币及相关的信贷政策和汇率政策；③ 其次，缔约方的金融监管机构对金融服务提供商行使监管或监督权；④ 最后，缔约方或其国有企业从事解散破产中或已破产的金融机构，以及主要从事金融服务提供的其他企业所进行的相关活动。⑤ 可见，这三种情形均涉及缔约方或其国有企业对金融行业的监管行为，根据 CPTPP 的规定，这些行为都属于金融监管的范畴。

---

① CPTPP Article 17.13.5. 和注释 34、35.
② CPTPP 附件 17-D 注释 36。
③ CPTPP Article 17.2.2.
④ CPTPP Article 17.2.3.
⑤ CPTPP Article 17.2.4.

换言之，非歧视和商业考虑规则不适用于满足特定条件的、国有企业根据政府授权提供的金融服务，具体条件包括：①支持进出口，但该服务的目标并非替代商业融资，或提供的条件并非优于商业市场中可获得的可比金融服务；或②支持境外私营投资，但该服务的目标非替代商业融资，或提供的条件并非优于商业市场中可获得的可比金融服务；或③符合经济合作与发展组织（OECD）官方出口信贷安排。这一例外为政府或国有企业提供的支持进出口和投资的政策性金融服务提供了政策空间。

金融稳定对宏观经济的发展具有不言而喻的重要性。一旦某个国家的金融体系遭受经济危机的冲击，其所带来的负面影响不仅局限于经济领域，还将波及政治和社会稳定。实践证明，政府对金融行业的必要监管、执行货币及相关的信贷、汇率政策的合理性得到了充分验证。因此，在国有企业条款（章节）中排除这部分内容具有必要性。这种例外是对第29条安全例外的深化和细化处理。①

（二）经济紧急状况例外规则

CPTPP在国有企业条款（章节）的"例外情况"条款的第1条中，规定"非歧视性待遇和商业考虑"规则以及"非商业援助"规则不得妨碍缔约方在应对全国或全球经济紧急状况时采取的措施或在紧急状况期间对国有企业临时采取的措施。②

根据该规定，当缔约方经历国家或全球经济紧急状况并采取了可能违反国有企业章节规定的措施时，可以援引此条款从而不受"非歧视性待遇和商业考虑"以及"非商业援助"规则的约束。可以看出，"经济紧急状况"例外条款有严格的适用条件：首先应存在"国家或全球经济紧急状况"；其次采取不符措施的时间范围应为"临时性"。其主要目的是使得国

---

① 李本. CPTPP国有企业规则例外条款：解构与建构[J]. 上海对外经贸大学学报，2023，30（3）：9.

② CPTPP Article 17.13.1.

家摆脱经济危机和困境,这关乎到一国的生存与稳定,对经济紧急状况下缔约方的不符措施采取例外安排体现了对缔约方的国家经济安全以及对国家经济主权的维护。[①]

3.4.1.3 履行政府职能例外规则

国有企业由于国家所有或国家控制的原因,具有政治属性,担负着国家经济宏观调控的责任,因此在经营活动中存在经缔约方指示或授权而行使政府职权的行为,CPTPP 在国有企业条款(章节)第 3 条(授予职权)中对此进行了约束,规定国有企业在行使任何缔约方授权的监管、行政或其他政府职权时,应以与协定规定不相抵触的方式行事。在此基础上,CPTPP 在国有企业条款(章节)的"范围"条款和"例外情况"条款中,规定了三条国有企业行使政府职权活动适用的例外条款。[②]

政府职权方面,本章规则不适用于政府采购,不阻止国有企业为履行缔约方政府职能向缔约方提供货物或服务。非歧视和商业考虑、非商业援助、透明度规则不适用于行使政府职权时提供的任何服务。另外,第 17.2 条第 9 款还特别强调,本章规则不阻止缔约方建立、维持国家企业、国有企业或指定垄断。

3.4.1.4 特定行为的例外规则

(一)政府采购例外规则

CPTPP 第 17.2.7 条将国有企业的政府采购行为排除在国有企业条款(章节)适用范围之外。政府采购是各级政府及其机构利用财政性资金并以公开招标等方式开展采购活动,以满足自身运转需要或履行向社会提供公共服务职能的政治经济行为。政府采购的主体是各级政府及其机构,从

[①] 于海琪. CPTPP 国有企业规则的例外条款研究 [D]. 重庆:西南政法大学,2022:19.
[②] 它们分别是 CPTPP 第 17.2.8 条、第 17.2.10 条、第 17.2.2 条

文义解释来看明显不包含国有企业在内。但实践中越来越多的国家倾向于将采购用于公共职能的产品的国有企业作为政府采购主体，包括欧盟公共采购法将政府采购主体扩展到国有企业和享有政府授予的特许经营权的私营企业，WTO 框架下《政府采购协定》也将提供公共服务的国有企业纳入采购实体。但 CPTPP 政府采购章节将采购实体定义为附件 15-A 中所列的实体。[①] 澳大利亚、加拿大、新加坡、越南均没有将本国的国有企业列入附件 15-A 中，相比之下，成员国自主选择是否将国有企业列入采购实体范围的做法体现了 CPTPP 的包容性，对我国而言也有一定的回旋空间。

（二）支持收回国有企业的域外投资例外规则

根据 CPTPP 第 17.13.4 条，非歧视和商业考虑、非商业援助规则不得解释为，阻止采取临时性应对国家和全球经济紧急状态所实施的措施，或阻止在紧急状态期间，就国有企业实施的、临时性应对国家和全球经济紧急状态的措施。这一例外为各缔约方在经济危机等紧急状态时采取的临时措施提供了例外空间，例如，国家在全球性金融危机的情况下采取的对国有企业的收购、注资或其他形式的援助，不会受到非商业援助规则的约束。该条款设置的目的是保护国有企业的投资，以免因投资企业不当经营或信用危机等影响收益的行为造成国有企业投资的损失，由于国有企业在一国通常属于全民所有，其与国家的民生福利息息相关，故保护其投资的安全性是应有之义。[②]

（三）购销减让表中的商品或服务的例外规则

CPTPP 第 17.2.11 条允许成员国的国有企业在根据不符措施购销商品或服务时不遵循非歧视待遇和商业考虑原则。为了保护幼稚产业或是战略性行业，国有企业可以在购销 CPTPP 附件减让表中的商品或服务时给予本

---

① CPTPP 第 15.1 条。
② 于海琪. CPTPP 国有企业规则的例外条款研究 [D]. 重庆：西南政法大学，2022：22.

国企业优惠，在商业性因素之外考虑政治、经济、产业因素。① 这一例外规则对我国很有借鉴意义。我国需要厘清何种商品或服务需要特殊保护以维护我国核心利益，在借鉴成员国附件中减让表的前提下，结合我国国情和发展需要，提出可被成员国接受的中国方案。

3.4.1.5 国别例外

此外，"国有企业和指定垄断"章节还存在国别例外。本章规则不适用于投资（CPTPP第9条）、跨境服务贸易（CPTPP第10条）和金融服务（CPTPP第11条）缔约方保留的不符措施进行的货物或服务的采购和销售。非歧视和商业考虑、非商业援助规则不适用于缔约方在国别附件，即CPTPP附件Ⅳ所列国有企业或指定垄断的不符活动（the non-conforming activities）。非歧视和商业考虑、法院和行政机构、非商业援助和透明度规则不适用于缔约方在附件17-D（地方国有企业和指定垄断负面清单）所列的国有企业或指定垄断等。

CPTPP国有企业条款（章节）的国别例外是成员方以附件的形式列出的。除了前述在CPTPP文本中对所有成员方均适用的例外条款外，CPTPP国有企业条款（章节）还为发展程度各异、社会制度不同的成员方设置了国别例外，允许经济体制、社会发展、国有企业市场化程度不同的成员方根据本国国情和国企改革情况对全部或部分国有企业规则进行适用上的排除，在保护成员方国家安全和核心利益的同时为国有企业市场化程度相对落后的国家创造必要的改革时间，兼顾不同成员方之间的发展权益。

CPTPP附件Ⅳ中的例外分为四个部分，分别是相关义务、实体、不符活动的范围和措施，即具体的CPTPP国有企业规则内容、国有企业范围、不受相关国有企业规则约束的特定活动和成员国的法律法规。加拿大、墨

---

① 李本. CPTPP国有企业规则例外条款：解构与建构[J]. 上海对外经贸大学学报，2023, 30（3）：11.

西哥、越南都在附件Ⅳ中提供了相应的例外。

特别值得一提的是，新加坡有关主权财定基金例外和越南的国别例外，对于我国在加入 CPTPP 谈判中如何设计国别例外条款有很好的参考价值。

3.4.2 对 CPTPP 国有企业条款例外规则的反思

与 WTO 体制相关例规则相比较，CPTPP 国有企业条款例外规则从规制领域、规制体系、规制内容以及规制标准上都有了更大的拓展，而且例外之中还有例外，是区域贸易协定对国有企业例外规则的全新尝试。

3.4.2.1 CPTTP 国有企业条款例外规则的亮点

从规制领域上来看，基于 CPTPP 国有企业规则对规制领域的拓宽，其例外条款也在货物领域、服务领域以及投资领域进行了全面布局，从而使得国有企业例外条款更加全面。

从规制体系上来看，CPTPP 通过在国有企业条款（章节）的一般规则中规定例外情形、在国有企业条款（章节）内设置例外条款、在国有企业条款（章节）的附件以及协定的附件中为特定缔约方设置例外条款，从多个层面共同构建了较为完善的国有企业例外条款体系。条款的体系化一方面能够促进对例外条款的理解和适用，另一方面也能够促进规则的进一步完善。

从规制内容上来看，CPTPP 国有企业例外条款为缔约方及其国有企业对"商业考虑和非歧视性待遇""非商业援助""透明度""法院和行政机构"等主要国有企业规则的适用都进行了例外规定。可见其规制内容较为完善，全面覆盖了 CPTPP 的国有企业规则，从而更充分地发挥例外条款的法律功用。

从规制标准上来看，CPTPP 的国有企业例外条款的规制标准较为合理，并在一定程度上体现了对国有企业规则公平性、平衡性的促进作用。通过对 CPTPP 国有企业例外条款的整体梳理和分析，可以看出其例外条款是以缔约方及其国有企业不扭曲国际经济活动为标准进行设置的，并在此标准下通过划分国有企业的不同类别、缔约方以及国有企业不同的行为类型，进一步细化地规定出缔约方及其国有企业可以得到豁免的一些情形，在不违背国有企业规则设置目的的基础上，一定程度地缓解了高标准国有企业规则给国有企业带来的负担。在此规制标准下的规范内容较为合理，为促进国有企业规则的公平性起到了一定作用。

CPTPP 在为特定缔约方设置的国别例外中，同样体现了不扭曲经济活动的规制标准，缔约方在不扰乱经济秩序、不对贸易投资造成不当影响的基础上，可以根据自身的实际情况、国有企业发展的程度提出自己的国别例外清单，可以就特定的国有企业规则提出过渡期条款。国别例外条款的设置体现了对不同缔约方权益的平衡，通过例外条款兼顾不同发展程度、不同经济体制缔约方的规制需求，对促进国有企业规则的平衡性起到了重要的作用。

3.4.2.2 CPTPP 国有企业条款例外规则的不足

首先，次中央级国有企业的例外歧视色彩明显。从 CPTPP 国有企业章节附件 17-D 的规定来看，CPTPP 共有 12 个创始缔约方[①]，除新加坡和文莱[②]外，其他 10 个缔约方均为次中央级国有企业做出了例外安排，不适用于国有企业规则中的主要义务。即使已经退出 TPP 的美国，CPTPP 国有企业章节附件 17-D 也列明了美国的其次中央级国有企业不适用国有企业条

---

① 2018 年 12 月 30 日，CPTPP 生效时共有 11 个成员方，分别为日本、加拿大、澳大利亚、新西兰、马来西亚、新加坡、越南、文莱、墨西哥、智利、秘鲁。

② 新加坡和文莱国土面积不大，估计不存在所谓次中央级国有企业。

款①。这不是 CPTPP 国有企业条款保容性的体现,反而具有浓厚的歧视色彩。从 CPTPP 缔约方的构成来看,澳大利亚和加拿大等作为联邦制国家,中央或联邦一级的国有企业较少甚至不存在。② 而采用单一制体系的国家,如越南,有影响力的国有企业基本上都是中央级国有企业。这事实上在 CPTPP 内部造成了不同缔约方承担义务上的差别,甚至"变相成了中央级国有企业占多数的国家的单方面义务③"。

实际上,许多联邦制国家拥有一定数量的同样能够严重扭曲国际贸易的次中央级国有企业④,对其次中央级国有企业进行例外安排大大限制了协定中国有企业规则的适用范围。这就出现某些缔约方的次中央级国有企业受到特别保护,而那些国有企业主要集中在中央层面的缔约方就会受到更严格的约束。中国在加入 CPTPP 谈判中也会面临同样的问题。

其次,过渡期条款设置不完善。CPTPP 为越南、文莱和马来西亚设置了适用国有企业规则的过渡期条款,但是,也存在着以下不完善之处。①过渡期的时间设置欠缺合理性。虽然 CPTPP 均给予了上述三个缔约方五年的过渡期安排,但是对于文莱这样一个经济结构单一的国家和越南这样的社会主义国家而言,五年的过渡期安排显然无法满足其实际需要。②缺乏过渡期后对规则衔接的规定,这将会使过渡期安排的效果大打折扣。

最后,规则精确性的欠缺。CPTPP 国有企业规则的例外条款中,存在一些规定用语较为笼统,规则内容欠缺明确性和统一性的问题,使得缔约方在实际适用规则时难以准确识别该用语所指的内容和范围。⑤ 例如 CPT-

---

① CPTPP 附件 17-D（i）项。

② 漆彤,窦云蔚. 论《跨太平洋伙伴关系协定》国有企业透明度规则 [J]. 武汉大学国际法评论, 2016, 19 (2): 166.

③ 于海琪. CPTPP 国有企业规则的例外条款研究 [D]. 重庆: 西南政法大学, 2022: 32.

④ Ines Willemyns. Disciplines on State-Owned Enterprises in International Economic Law: Are We Moving in the Right Direction [J]. Journal of International Economic Law, 2016, 19 (3): 648.

⑤ 于海琪. CPTPP 国有企业规则的例外条款研究 [D]. 重庆: 西南政法大学, 2022: 35.

PP国有企业条款（章节）在对"金融监管"设置的例外条款中，概括性地规定了金融监管的三种情况，即缔约方的中央银行或货币当局的监管活动、缔约方的金融监管机构对金融服务提供者行使监管或监督权，以及缔约方或其国有企业为解决金融机构或主要从事金融服务的企业破产或倒闭而开展的活动。尽管该例外条款将金融监管的情形"描画"了出来，但由于不同缔约方之间的经济政策和经济体制的差异，其采取的金融监管方式、规定的金融监管内容以及对象等肯定各不相同。而CPTPP没有对上述三种监管情形做出详细的说明和统一，必然会导致缔约方在实际适用规则时对监督活动的范围、金融监管机构的外延以及解决金融机构或企业破产或倒闭的活动范围等问题上引发争议，降低规则的可操作性和有效性。

3.4.3 本节小结

与WTO体制相关例外规则相比，CPTPP国有企业条款例外规则从规制领域、规制体系、规制内容以及规制标准上都有了更大的拓展，而且例外之中还有例外，是区域贸易协定对国有企业例外规则的全新尝试。体现了协定高标准要求与尊重各缔约方实现政策目标的现实需求的平衡。既考虑到了协定本身的高标准要求，也为缔约方保留了追求自身政策目标的空间。

3.5 本章小结

非歧视待遇和商业考量规则、非商业援助规则和透明度规则构成了CPTPP关于国有企业规制三大基本义务。

CPTPP非歧视待遇与商业考虑条款将商业考虑义务置于非歧视待遇之

前，要求国有企业在参与国际贸易活动中需如私营企业般行事，避免利用政府所有权所赋予的不正当竞争优势。在国际贸易活动中，国有企业基于商业考虑因素产生的差别待遇并不被视为违反非歧视待遇。当国有企业根据公共服务指令提供或购买货物及服务时，只须遵循非歧视原则，而无须遵守商业考虑义务。CPTPP 国有企业规则中的非歧视待遇具有明显的指向性，是为国有企业量身定制的，国有企业在本条中承担的不合理义务显然被进一步加重了。

CPTPP 中所规定的非商业援助规则，是美国对现行反补贴制度不满的产物，深刻体现了美国对改革反补贴规则的迫切需求和全新诉求，是其重构反补贴规则战略的关键环节。CPTPP 对非商业援助进行了明确定义，涵盖了政府和国有企业之间，以及国有企业之间的财政援助，并详细列举了多种财政援助形式。在判断非财政援助方面，CPTPP 采纳了《补贴与反补贴措施协定》中的认定方法和规则，从而为美国当局针对国有企业开展反补贴调查提供了便利。

CPTPP 透明度规则方面更加严格，规定了缔约方的两项主动披露义务。严格的透明度要求增加了企业负担，与我国当前的信息披露水平不相适应。除我国当前披露水平有限之外，CPTPP 本身的透明度规则亦存在不合理之处，并对我国产生不利影响。

第四章
国有企业条款的理论基础、性质和特征

第四章 国有企业条款的理论基础、性质和特征

尽管竞争者并未过多关注国际贸易与竞争政策之间的相互关系，但政策制定者们早已认识到这一问题。世界贸易组织（WTO）深知竞争政策和法律与国际贸易政策之间的内在联系，并在其涵盖的协定中纳入了与竞争相关的条款。事实上，国际贸易政策无法完全与竞争政策分离。许多现实中的贸易政策议题涉及竞争政策，或与竞争政策存在一定程度的交叉。其中，国有企业问题便是贸易与竞争交叉的领域之一。

本章从竞争中立、竞争限制、横向议题等角度分析 CPTPP 中国有企业条款的理论基础、性质和特征，以期挖掘隐藏在国有企业条款背后而实际发挥作用的原理，加深对国有企业条款的理解。本章我们从三个方面来讨论 CPTPP 国有企业条款的理论基础、性质和特征。第一部分探讨 CPTPP 国有企业条款的理论基础。第二部分讨论 CPTPP 国有企业条款的价值取向是竞争中立导向还是竞争限制导向。第三部分阐明 CPTPP 国有企业条款的特征。

4.1 CPTPP 国有企业条款的理论基础

接合理论、经济优势理论、竞争中立理论和公平竞争理论为 CPTPP 国有企业条款提供了理论基础。下面我们逐一讨论。

4.1.1 接合理论

接合理论（Interface Theory）是由美国国际贸易问题专家约翰·杰克

《全面与进步跨太平洋伙伴关系协定》国有企业条款研究

逊（John. H Jackson）教授于 1978 年首先提出的。[①] 他认为，接合理论的价值在于为反倾销措施提供了某些政策目标，而不仅仅是回应不公平贸易。他从公平贸易的角度指出，在使用"不公平"这一概念描述与非市场经济国家贸易中的反倾销和反补贴案件时可能并不恰当，但可以将市场导向国家与国营贸易国家（State trading country）或国有企业之间的贸易归因于"接合"，正如将两种制式不同的计算机或电子设备连接起来以实现兼容一样。

由于世界经济日益相互依赖，处理不同经济间关系的难度不断加大。因此，在国际贸易中需要一种"接合"两种制度的媒介机制，使不同经济制度能够协调运作。他认为，当代国际贸易政策面临的最大挑战是如何设计一种"接合"机制，以减少因制度差异引发的国际关系紧张和困境，从而使不同制度的国家顺利开展贸易，并从日益增长的国际贸易中获得最大经济利益。然而，杰克逊教授认为当时解决这一问题的方法并不具有针对性，在某些情况下也不切实际。例如，美国的反补贴法和反倾销法的设计原本是出于其他目的，但在事实上却承担了接合的责任；而美国的市场扰乱条款或"逃避条款"（Escape Clause）也不完全适合承担接合的责任。

杰克逊教授承认，在当今国际贸易关系中，没有什么比设计一套与非市场经济国家之间贸易关系的接合机制更具观念性困难。为此，他提出了22 个在与非市场经济国家进行贸易时应思考和解决的具体问题，作为探讨接合机制的出发点，核心问题是如何为美国与非市场经济国家开展贸易设计最佳接合方案，以在可行范围内最终实现美国的不同政策目标。

在接合理论指导下，WTO 体系开始为转型经济国家制定特别规则，如改进反倾销、反补贴等贸易救济规则，促使它们转型为市场经济国家。经

[①] 约翰·H. 杰克逊. 世界贸易体制——国际经济关系的法律与政策 [M]. 张乃根，译. 上海：复旦大学出版社，2001：361-362.

改进的贸易救济规则赋予进口成员政府更大权力，但对出口方提出更为严格的要求。

鉴于我国国有及国家投资企业在国内经济中的重要地位，我国在《加入世界贸易组织议定书》中作出了与国有企业相关的承诺。这些承诺包括：确保所有国有企业遵循市场经济原则运作，消除对外贸易权受限的局面，以及设立针对国有企业补贴的专向性评估。在双轨制框架下，我国在《加入世界贸易组织议定书》第 15 条中规定了特殊反倾销条款，第 16 条明确了特定产品保障措施以及特殊纺织品保障措施。

4.1.2 经济优势理论

经济优势理论（Theory of Economic Advantage）由威廉·莫克于 1989 年首次提出。在深入分析国际贸易中的比较优势和要素禀赋理论，以及美国针对非市场经济国家贸易的反倾销与反补贴规定后，莫克认为，传统的市场导向的比较优势理论和公平贸易理论在处理与非市场经济国家的贸易问题时存在应用难题。这是因为非市场经济国家的市场失灵，导致传统国际贸易理论在此情况下失效。因此，有必要提出一种新的理论依据来解释市场经济与非市场经济国家之间的贸易关系。

据此，莫克提出，利用"经济优势"理论来阐述市场经济国家与非市场经济国家进行贸易的动机。核心观点在于：与非市场经济国家保持贸易关系可以最大限度地利用其政府干预导致的效能低下（inefficiency）所产生的经济优势。这种贸易关系最终促使非市场经济国家作出更理性、以市场为导向的经济决策。

根据莫克的观点，如果非市场经济国家能高效运行，其将具备与市场经济国家竞争者相媲美的竞争力；若运作低效，则在国际市场上提供价格过高或过低的商品。对于高价商品，其竞争力可忽略不计（因本身无竞争优势）；而低价商品则在美国和非市场经济国家之间形成净福利（Net Welfare）的转移。除非特殊情况，市场经济国家无理由拒绝这种福利转移。

市场力量若得以充分施展，将带动低效的非市场经济国家实现经济腾飞，并推动这些国家朝着更合理的生产要素分配和接近基于比较优势建立的全球贸易体系的方向发展。从长远来看，这也将使市场经济国家受益。然而，尽管莫克主张市场经济国家和非市场经济国家基于经济优势开展国际贸易，但他也认为，在特定情况下，经济优势理论难以适用。这些例外主要包括经济扰乱（Economic Disruption）、工业掠夺和非经济因素的国家安全（National Security）等问题。

当上述例外情况出现时，基于非市场经济国家效率低下所产生的经济优势原则应予以舍弃。若低价产品的进口以进口国市场经济国家高昂的市场调节成本为代价，或低价导致反竞争效应，或威胁国家安全，经济优势所带来的低价商品不应被接受。进口国应采取救济措施，阻止这些非市场经济国家。①

4.1.3 竞争中立理论

国有企业在世界各地市场的迅速扩张，尤其是在欧美传统优势产业领域表现出色，已成为发达经济体重提"竞争中立"规则的主要原因。在与跨国国有企业的竞争中，发达经济体的私营企业逐渐处于劣势。然而，世界贸易组织（WTO）是一个贸易组织，而非竞争组织。WTO涵盖的协定对国有企业所享有的优势及其行为的规定具有局限性。例如，《服务贸易总协定》（GATS）仅适用于成员国承诺开放的领域，《政府采购协定》

---

① 陈力. 美国贸易救济法之非市场经济规则的理论起源[J]. 复旦学报（社会科学版），2008（4）：105-110.

（GPA）作为诸边协定仅对参与方具有约束力，《补贴与反补贴措施协定》和《贸易便利化协定》（SCM）在认定国有企业作为补贴提供者时存在困难。因此，质疑与指责现有规则的不足以及国有企业竞争规则缺失的观点开始蔓延。

以欧美为代表的发达经济体亟须寻求更为有力的贸易规则，以维护其在国际贸易与规则制定中的主导地位。对他们而言，这种新的贸易规则应具备与知识产权、环境标准等传统保护措施相同的社会价值，从而在国际范围内获得广泛认同，同时又能与反补贴、反倾销等传统且具有实际效果的贸易保护措施相结合。

竞争中立规则，最早是基于规范国有企业竞争行为而提出的。尽管1947年签署的《关税与贸易总协定》仅为一个政府间关于关税和贸易规则的多边国际协定，旨在消除国际贸易中因关税或其他贸易壁垒导致的有区别待遇，其中对于"国营贸易企业"参与竞争作了专门规定。据此判断，这一原则起源于1947年《关税与贸易总协定》第17条关于"国营贸易企业"的规定。[①]

澳大利亚可被视为系统研究并制定国有企业竞争中立规则及具体实施政策法规的典范。1993年，国家竞争政策改革的六个优先领域在"希尔墨报告"（Hilmer Report）中被提出，其中"竞争中立"作为核心思想贯彻始终。历经20余年的实践，澳大利亚共发布300多个相关政策和法规，主要包括透明度和问责制、价格中立、管制中立、税收中立、商业回报率中立、信贷中立等制度条款，形成了国有企业竞争中立的制度和政策体系。自2002年起，经济合作与发展组织（OECD）开始关注竞争中立规则，并将其研究报告、指引、意见等基本纳入澳大利亚的理论和实践成果。经济合作与发展组织（OECD）的《国有企业公司治理指引》成为首个系统规

[①] 樊富强. 澳大利亚关于国有企业竞争中立政策的实施与评析[J]. 对外经贸实务，2016（10）：10-13.

制国有企业竞争行为的国际性文本。

美国推动的《跨太平洋伙伴关系协定》（TPP）等国际条约，"竞争中立"的内涵相较澳大利亚版本更为广泛，标准更为严格，且强烈体现了美国意志，成为目前国际条约对国有企业约束的最高标准。支持者关注国有企业在国际竞争中所获得的利益和优惠待遇，包括直接补贴、政府和政府金融机构的优惠融资和担保、法律法规适用时的优惠待遇、垄断和在位优势、自营股权、破产规则豁免和信息优势，以及最终导致私营竞争者面临的不公平竞争环境。然而，这一观点也遭到了反对者的质疑。他们认为，国有企业往往需要承担诸多社会角色，而这些角色并不会强加于私营企业。一些人甚至认为，要求国有企业在竞争活动中承担更多义务本质上是对国有企业的身份歧视，偏离了"竞争中立"的原则。[①]

4.1.4 公平竞争理论

公平，作为法律的永恒价值，体现了人类社会对平等、正义的追求。在市场经济中，公平主要表现在市场主体在实质平等的市场环境中，遵循同等适用的市场行为规则参与竞争。为了更好地理解市场经济中的公平，我们可以将其具体表现划分为以下三个方面。

首先，市场主体所在的市场环境应当是公平竞争的状态。政府作为管理市场的一方主体，应积极创造公平竞争的条件，避免为某一市场主体创设破坏市场竞争机制的优势条件。政府至少应确保各市场主体在形式上享有平等的环境，进而寻求更高层次的公平。

其次，市场主体之间的地位应当平等。无论是在享有权利还是履行义务的过程中，所有市场主体都应被平等对待，不得因所有者、经济体量、

---

① 沈铭辉."竞争中立"视角下的 TPP 国有企业条款分析 [J]. 国际经济合作，2015（7）：19-24.

人员以及地域等条件的差异而区别对待。

最后，市场主体参与市场竞争的结果应当公平。即在相同或相当的条件下，每一个市场主体在获得劳动分配时应当是公平的，投入和产出应具有相似性。特别是不能因企业性质的不同而实行差别待遇，这是价值规律正常发挥调节作用的基本要求，也是保障市场公平竞争的关键。

市场经济活动中的公平有形式公平和实质公平之分。形式公平主要体现在法律赋予每个市场主体相同的权利和义务，使其在法律制度下享有"意思自治""契约自由""身份平等"和"私权神圣"等原则。这些原则在自由资本主义时期为保障公平发挥了重要作用。

实质公平则关注市场主体实际权利义务的配置及其结果，而非仅限于形式上的规定。它包括两方面内容：一方面，对具备优势地位和能力的市场主体的行为进行限制，增加其义务或制止其权利滥用，以促使其尊重弱势市场主体的公平竞争和公平交易权；另一方面，对可能遭受经济特权侵害的弱势市场主体进行特别保护，以提升其地位，使其能够与强势市场主体相抗衡，最终为其实现公平竞争和公平交易权提供保障。

总之，公平作为市场经济的基石，不仅要求市场主体在形式上平等，更强调实质上的公平。只有实现这一目标，才能确保市场经济的健康、稳定发展，为全体人民创造更加美好的生活。在新时代背景下，我们应继续探索公平竞争的新路径，为建设更加公平、正义的社会而努力。

4.2 CPTPP 国有企业条款的价值取向

耐人寻味的是，CPTPP 国有企业条款存在两种相互矛盾和冲突的价值取向。一方面，强调不同市场主体在竞争中应处于平等状态，秉持竞争中立；另一方面，在具体设计上，为国有企业量身定制"歧视性"规则，使不同所有制企业存在竞争歧视之嫌。

4.2.1 竞争中立：CPTPP 国有企业条款的应有之义

4.2.1.1 竞争中立规则的应有内容

经贸协定中许多专门针对国有企业的纪律规范明确位于竞争章节中，这表明各缔约方往往认为国有企业是一个竞争政策或竞争法问题。然而，利用竞争法规范国有企业可能产生贸易扭曲影响的行为存在先天的缺陷。竞争法适用的前提是防止以利润最大化为目的的企业阻碍竞争，而国有企业的目标是多维度的，其特殊性与功能性决定了国有企业的动机并非完全以追求经济效益为目标。

竞争中性原则作为一种新型的监管模式，逐渐成为大多数经贸协定中国有企业规则的底色。这一原则源于澳洲国家的早期实践、经济合作与发展组织（OECD）等国际组织的研究推广以及西方发达经济体的立法推动。在竞争中立语境下，"中立"意为允执厥中、不偏不倚，要求政府对市场的作用与市场配置资源的决定性作用相契合。

国有企业是竞争中立规制的主要对象，但并非全部。从内容上看，竞争中立规则主要包含以下五个方面：

（1）所有权中立：国家以公众利益为出发点行使所有权，保证国有企业所有权和经营权分离，并通过国家所有权在企业治理结构中的具体化赋予其合理性。

（2）政策援助中立：在市场上避免企业因政府援助而获得不当竞争优势，如避免国家为国有企业提供经营性补贴，以及为国有企业在金融信贷市场融资渠道和利率方面提供便利和优惠等。

（3）监管中立：监管机构平等对待所有市场主体，建立针对企业非公平竞争行为的投诉监督机制。

(4) 透明度中立：对各市场主体的信息披露标准的确立应保持中立，合理确定国有企业市场行为和公共行为的披露标准。

(5) 公共行为的合理豁免：对涉及国家安全、国防、扶贫救助、能源与环境安全等国家利益、公共利益等方面的非中立行为予以合理豁免。

竞争中立本质上是一项中性的概念并具备实用主义内涵，其总体目标在于尽可能地通过竞争力量作为调节工具，实现不同企业间公平竞争，体现市场经济的动力机制和社会公平的基本要求。这一原则有助于非歧视地引导市场主体充分发挥各自的竞争优势，促成市场良性竞争与实质公正的实现。同时，竞争中立规则也有助于减少国有企业与其他市场主体之间的不平等待遇，提高国有企业治理水平，促进国有企业转型升级，使之更好地服务于国家经济发展和社会进步。

总之，竞争中立规则作为一种新型的监管模式，在国际经贸协定中发挥着重要作用。通过实施竞争中立规则，各国可以更好地规范国有企业行为，降低贸易扭曲影响，推动国有企业改革，实现公平竞争，促进经济发展和社会进步。在这一过程中，各国应充分借鉴国际先进经验，结合本国国情，不断完善和优化竞争中立规则，以期在市场竞争中实现国家利益与公共利益的平衡。

4.2.1.2 竞争中立应当关注政府与市场的微观界限

竞争中立关注的问题是政府与市场的微观界限，从这个界限出发，它所包含的内容就远比国有企业与私营企业的竞争问题更为广泛。回归竞争本身，竞争中立强调政府对竞争过程干预的中立性。具体应当包括四个层面：第一，认可政府可以对市场进行必要的干预。干预的基本原则是最大限度减少政府对市场资源的直接配置，最大限度减少对市场活动的直接干预，但依然可以直接以及间接干预。第二，政府干预的主要手段是事中、事后监督，应符合市场主体法律地位平等、竞争机会均等、权利义务对等的原则。第三，政府的干预本身应当是中性的，以营造良好的营商环境，激发市场活力和社会创造力，不能破坏市场竞争。第四，在市场竞争环境自身非中性的情况下，需要政府干预使之中性。

4.2.1.3 竞争中立要求不同的所有制主体应是平等的、公平竞争的状态

竞争中立，作为一个中立的概念，主张对导致市场主体竞争差异的制度与措施进行限制，以实现市场公平、无歧视，并构建合理的政府与市场边界。在实践领域，这一理念得到了澳大利亚和经济合作与发展组织（OECD）的广泛关注。在解读竞争中立概念时，这两个机构均基于一个共同的前提：由于国有企业具有特定的所有制性质，政府易倾向于赋予其竞争优势，如补贴或监管方面的优惠。

因此，竞争中立的核心要求是政府应当消除这部分竞争优势，使国有企业与私有企业能够在公平、平等的竞争环境中共同发展。这一理念暗含的假设是，国有企业与私有企业、公有制与私有制之间并无本质区别，亦无超越对方的竞争优势。换言之，不同的所有制主体应在公平竞争的基础上实现平等发展。

一方面，竞争中立强调，国有企业与私有企业应处于公平竞争的状态，政府不应因所有制的特定性质而给予任何一方不当待遇。澳大利亚和经济合作与发展组织（OECD）尤为关注防止国有企业获得不当的"竞争优势"，同时，竞争中立也意味着在排除这部分竞争优势后，政府不应继续给予国有企业不当的"竞争劣势"，即歧视性待遇。

另一方面，当国有企业遭受不当的"竞争劣势"时，将导致私有企业获得不当的"竞争优势"。这种现象不仅损害了市场竞争的公平性，还可能对国民经济整体发展产生不利影响。因此，实施竞争中立规则政策有助于维护市场秩序，促进各类所有制企业公平竞争，进而实现整个经济体系的高效运行。

总之，竞争中立作为一种中性原则，旨在消除所有制差异带来的竞争不公平现象，推动国有企业与私有企业共同发展。实施竞争中立规则，不仅有助于打造公平、开放的市场环境，还可以促进国民经济持续、健康发展。在我国，政府也应积极借鉴国际经验，推动竞争中立规则在实践中的运用，为各类所有制企业创造公平竞争的条件，共同推动国家经济繁荣。

4.2.2 竞争歧视：CPTPP 国有企业条款中的美国负面因素

遏制国家资本主义模式、制定新的国际贸易规则是美国力推竞争中立规则的主要动因，① 这使得美国在建构 CPTPP 国有企业条款时出于服务自身特定利益的考虑和战略安排，做出偏离竞争中立规则，甚至走向竞争歧视的道路。

4.2.2.1 美国主导 CPTPP 国有企业条款的动因分析

鉴于美国国有企业数量稀少且国内市场竞争机制健全，该国本身并非竞争中立规则实施的需求紧迫国家。然而，美国却在国际舞台上热衷于推广竞争中立规则。深入剖析美国在 CPTPP 中主导国有企业条款的背后动因，具有重要的现实意义。

（一）坚持新自由主义经济理论，遏制国家资本主义模式

长期以来，发达资本主义国家的市场经济体制主要遵循着古典自由主义和新自由主义的发展逻辑，在此影响下，主导 CPTPP 和 USMCA 规则进程的发达国家亦强调国际市场中高度的自由竞争和自发秩序，因此就天然

---

① 丁茂中. 竞争中立政策走向国际化的美国负面元素［J］. 政法论丛，2015（4）：22.

《全面与进步跨太平洋伙伴关系协定》国有企业条款研究

对国有企业参与国际市场竞争持排斥态度。[①] 2010 年，伊恩·布雷默，美国政治风险咨询公司欧亚集团的董事长，在其著作《自由市场的终结：政府与公司谁将获胜?》中提出，一种新的制度——国家资本主义正在崛起，对自由市场制度构成了严重挑战。2012 年 1 月，英国《经济学家》杂志发表了一篇题为《国家资本主义的兴起》的封面文章，指责中国、俄罗斯、马来西亚等新兴市场国家的大型国有企业正在实施一种新的混合模式——国家资本主义，该模式破坏了贸易公平，对全球贸易体系产生了严重冲击。因此，美国开始积极倡导竞争中立规则，旨在抑制所谓的国家资本主义模式。

所谓国家资本主义早在 19 世纪末就已存在，它并非何等新鲜事物。[②] 自从第二次世界大战结束以来，国家资本主义在全球范围内呈现出多样化的形态，大致可分为四种类型，包括"赶超式""凯恩斯式""莱茵式"和"计划式"。日本和韩国等国家实施的是"赶超式"国家资本主义；美国、英国等发达国家则采取"凯恩斯式"国家资本主义；德国和北欧等国家则主要实行"莱茵式"国家资本主义；而印度等国家的资本主义模式则为"计划式"。

在全球化的今天，国际竞争越发激烈，各国都在努力争取更多的利益和话语权。在这个过程中，国际规则的制定与博弈显得尤为重要。发达国家，凭借其强大的经济实力和国际地位，在制定规则的过程中占据主导地位。这些规则的设计，在很大程度上反映了发达国家的利益诉求和价值观。

在这场竞争中，发达国家所倡导的规则主要围绕着市场自由和市场效率展开。发达国家主张尽可能减少政府对经济的干预，降低国有企业在市

[①] 杜玉琼，黄子淋. 竞争中立国际规则的路径分歧与中国合作选择 [J]. 社会科学研究，2023，264（1）：117.

[②] 丁茂中. 竞争中立政策走向国际化的美国负面元素 [J]. 政法论丛，2015（4）：22.

场中的地位，从而让市场在资源配置中发挥决定性作用。这种理念，源于发达国家对自由市场经济的坚信不疑，认为这将带来更高的生产效率、创新能力和经济增长。

在这种规则下，发达国家力求逐步消除国家政府和国有经济的参与，推动全球经济迈向发达国家理想中的状态。这种状态，发达国家认为是高度的形式公正，让各国在国际市场上公平竞争，实现资源的最优配置。然而，这种看似公平的规则，实际上却很难摆脱发达国家利益的影子，往往导致发展中国家在竞争中处于劣势地位。

然而，我们也要看到，发展中国家在参与国际竞争的过程中，也在不断努力提高自身的话语权。发展中国家积极推动国际经济秩序的改革，争取更多的政策空间，以便在国内实施有利于国家发展的政策。在这个过程中，各国之间的合作与博弈将长期存在。

我国在参与国际规则的制定过程中，既要充分表达自身的利益诉求，也要兼顾其他国家的合理关切。我们应坚持互利共赢的原则，推动国际经济秩序朝着更加公平、合理的方向发展。同时，在国内推进改革开放，提高市场活力，增强我国在国际竞争中的实力。只有这样，我们才能在国际规则的博弈中，为我国和国家人民的福祉争取更多的利益。

总之，在国际竞争中立国际规则的博弈之中，发达国家凭借经济实力和国际地位的优势，主导着市场自由和市场效率的规则。发展中国家在这场博弈中，既要维护自身利益，也要寻求国际合作，共同推动国际经济秩序的改革。我国在其中发挥着重要作用，既要表达自身诉求，也要兼顾其他国家利益，为推动国际规则的公平与合理贡献力量。

（二）主导新的国际贸易规则

经济学理论研究揭示，一个国家在国际经济规则中获益的途径可分为两种：其一，国际经济规则所具备的正向外部性，体现在规则的一致性促使商品与生产要素跨国流动，提升国际分工程度，优化全球资源配置，从而实现全球福利的提升。这一效益对所有参与经济全球化的国家皆具有普遍性。其二，国际经济规则的非中性特点，即制定或主导规则的国家能够获取显著的额外经济收益。换言之，仅少数国家能从第二种途径中受益。[①]

在全球化的大背景下，国际分工体系的不平等性和经济学"比较优势理论"的局限性引发了越来越多发展中国家的反思。在这一背景下，包括我国在内的许多国家开始采取产业政策，通过组建和扶持大型国有企业，集中社会资源，以重点发展基础工业、高科技产业、金融行业等。这种政府干预市场的模式在多个国家取得了显著的成就，我国更是其中的成功典范。

回顾历史，我们可以看到，美国政府在奥巴马时期推动的《跨太平洋伙伴关系协定》，旨在确立21世纪的贸易规则，并引领全球贸易规则的制定，将我国排除在外。事实上，美国倡导竞争中立的主要目标是我国等国家的国有企业，旨在保护美国的国家利益。在美国与其他国家的竞争中，美国一方面积极推动自由贸易，为本国商品和资金打开市场；另一方面，加强对本国产业的保护，抑制别国的竞争。

然而，美国推行的竞争中立规则却表现出强烈的国际贸易保护主义色彩。它以形式上同等适用于自身的竞争中立规则为掩护，限制他国政府采取特定措施对国际市场竞争中存在的实质上不公平竞争问题进行矫正，以此维持本国企业在国际市场中的优势地位。

从表面上看，竞争中立规则似乎追求公平竞争，但实际上，它却难以掩盖其背后的贸易保护主义目的。在全球化深入发展的今天，国际贸易保护主义不仅阻碍了全球经济的发展，还加剧了国际经济秩序的不平等。我国在面对这一挑战时，应继续坚定走中国特色社会主义道路，充分发挥国有企业在国家经济发展中的战略支撑作用，同时，积极参与全球经济治

---

① 李向阳. 国际经济规则的形成机制 [J]. 世界经济与政治, 2006 (9): 67-76, 6.

理，推动构建更加公平、合理的国际经济秩序。

4.2.2.2 CPTPP 国有企业条款的消极因素

（一）价值层面：被掩藏在制度安排下的归因规则

无论是国有企业的界定，还是非商业援助制度，或是信息通报义务，CPTPP 国有企业条款通过精细的规则设计，最终将国有企业的行为归因于国家行为。首先，放弃针对国有企业是否承担公共职能的个案分析，扩张国有企业认定的四大标准，将国有企业本身视为国家；其次，规避国家行为的判定，借助非商业援助制度，设立新的评定标准，将国有企业的行为推定为国家行为；最后，通过严重失衡的透明度规则与例外规则，实质上形成事实上的举证责任倒置。通过这一系列规则安排，避免了 WTO 上诉机构的推理结论和国家责任条款的认定标准，全方位地将国有企业视为国家，将国有企业的行为归因于国家行为。随着此类蕴含归因规则制度安排从区域层面逐渐为多边层面所接受，其不仅影响我国国有企业的对外贸易，还将影响我国国有企业的对外投资，甚至成为整个国际法领域的共识。

（二）规则层面：现有国有企业透明度规则的自体歧视性

股东知情权、上市公司信息披露以及国有企业信息公开，这三个方面分别代表着企业在市场中的透明度规范以及政府治理的透明度规范。它们在各自的领域内起着至关重要的作用，为市场的公平公正以及政府的廉洁自律提供了有力的保障。

然而，当商业性质的国有企业受到"政府透明度规则"的约束时，这可能会导致对国有企业的歧视现象。这是因为，这些规则在设计和实施的过程中，可能忽视了国有企业的特殊性质和需求，从而使得国有企业在与私营企业竞争时处于不公平的地位。

更为严重的是，如果此类规则被世界贸易组织（WTO）采纳，那么这将对国有企业的正常商业活动产生严重的影响。因为这意味着国有企业在全球范围内都将受到这些规则的约束，这无疑会给国有企业的经营带来巨大的困难，甚至可能对其生存造成威胁。

因此，对于国有企业信息公开的问题，我们需要找到一个平衡点。一方面，我们要保证国有企业的透明度，防止腐败和滥用职权；另一方面，我们要考虑到国有企业的特殊性质，避免对其进行不公平的对待。

（三）实施层面：信息收集权责不对称下的惩罚性行政措施

在 CPTPP 的国有企业透明度规则背景下，由于权利和义务严重失衡，可能导致一般透明度层面过度适用惩罚性行政措施。这将导致众多央企所在国家频繁遭受惩罚，其后果不仅包括巨额财政负担，还将不断削弱该国在世界贸易组织（WTO）中的话语权和影响力。

4.3　CPTPP 国有企业条款的特征

竞争中立规则是 CPTPP 国有企业条款的源起，这一原则起源于澳大利亚，初衷在于激发国内经济活力，并未涉及其他国家或地区。然而，随着经济全球化的深入，尤其是金融危机之后，竞争中立规则逐渐在国际贸易协定中得以应用，进而塑造了国际贸易协定中的国有企业条款。一些发达国家，如美国，将其纳入国际双边及多边规则之中，以期构建新的国际经贸秩序，维护自身优势地位。

国有企业条款具有双重性质：一方面，它对于提升企业竞争力、促进国际市场健康发展具有积极作用；另一方面，国有企业条款成了美国等发达国家的重要政策工具。[①] 尤其是对于美国等经济发达国家来说，在已处

---

① 杨秋波. 国企条款透视：特征、挑战与中国应对 [J]. 国际商务（对外经济贸易大学学报），2018（2）：123-131.

于国际贸易竞争食物链顶端的情形下,通过运用国有企业条款,有利于保持并扩大对不发达国家的竞争优势,减少威胁。CPTPP 国有企业条款具有以下七大方面的特点。

4.3.1 专门为国有企业量身打造的规则体系

国有企业条款围绕国有企业定义,对国有企业参与国际竞争的活动作出了全面规制。世界贸易组织(WTO)关注的是贸易自由化,旨在降低市场准入的政府壁垒,其关注点在于货物或服务的进出口。随着国有企业条款从竞争政策章节分离,国有企业条款自成体系,创设了一种结合 GATT 第 17 条、竞争法以及 SCM 协定的混合规制模式。[1]

国有企业条款本来属于竞争政策章节的内容。总体上看,竞争政策中的实体性规定较少,尤其相应的争端解决程序的缺乏使得很多学者认为《自由贸易协定》中的竞争政策章节属于软性法律范畴[2],更多的是促进和加强国家间的互动协作。CPTPP 首次将国有企业条款从竞争政策章节中分离,并从定义、范围、主要纪律等几大维度,进一步完善与规范了国有企业条款,使之成为一个独立的、自成体系的条款。[3]

应当说,国有企业议题是美国运用"竞争中立"规则建立下一代贸易规则提出的实质性要求。[4] 美国希望以其内法规与商业实践为准绳,通过 CPTPP 谈判协调各国法规和标准,将整个地区的规则统一到美国的规则和标准之中,对亚洲国家实施"边界后规则改革",使全球贸易新规则制

---

[1] 陈瑶. 国际贸易协定对国有企业的规制研究[D]. 上海:华东政法大学,2021:48.

[2] D. D. Sokol. Order Without (Enforceable) Law: Why Countries Enter into Non-Enforceable Competition Policy Chapters in Free Trade Agreements [J]. Chi.-Kent L. Rev., 2007 (83): 234.

[3] 陈瑶. 国际贸易协定对国有企业的规制研究[D]. 上海:华东政法大学,2022:49.

[4] 蔡鹏鸿. TPP 横向议题与下一代贸易规则及其对中国的影响[J]. 世界经济研究,2013 (7):41.

定从传统垂直型进程向跨部门横向型方向转变。

总之，CPTPP国有企业条款是美国在WTO争端解决机制中与中国争论中国国有企业是否属于公共机构失利之后，以"国有企业"定义为纽带，全新打造的国有企业补贴新纪律和规则体系。

4.3.2 从国内法向重要的国际规则迈进，贸易竞争政策工具性日益增强

在20世纪90年代，澳大利亚在国有企业改革的大背景下，首先实行了"竞争中立"规则。根据1996年《联邦竞争中立政策声明》的要求，"政府的商业活动不得仅凭公共部门所有权而获得高于私营部门竞争者的净竞争优势"[1]。显然，国有企业条款最初仅局限于一国境内，不涉及其他国家。其核心理念在于，政府的商业活动不应因公共部门的所有权地位而获得私营部门竞争者无法企及的竞争优势[2]，主要目的是消除国有企业由于政府资源支持所带来的不平等竞争，提高企业生产经营效率，增强市场活力。

自21世纪起，经济合作与发展组织（OECD）针对"竞争中立"主题进行了大量研究，并发布了一系列关于国有企业公司治理的政策指导，为相关国家的立法活动提供了理论依据与实践参考。据经济合作与发展组织（OECD）于2012年发布的《竞争中立：各国实践》报告，经济合作与发展组织（OECD）成员方普遍在各自的公平竞争法框架中明确了国有企业及其他公共部门与私有企业之间的竞争地位。

与此同时，以美国为代表的发达经济体大力推动高标准的国际经贸规则，国有企业相关条款逐渐被广泛纳入双边、多边贸易或投资协定中。2012

---

[1] 王秋雯. 国有企业规则在区域贸易谈判平台中的新发展与中国对策[J]. 国际贸易, 2018（6）：61-66.

[2] 唐宜红, 姚曦. 竞争中立：国际市场新规则[J]. 国际贸易, 2013（3）：54-59.

年，美国在新版《双边投资协定》（Bilateral In vestment Treaty，BIT）范本中进一步明确了有关国有企业的规定；在其主导的《跨太平洋伙伴关系协定》（TPP）中，国有企业章节更被视为独立章节。尽管 TPP 最终因美国退出而未能实施，但其国有企业章节在已生效的《全面与进步跨太平洋伙伴关系协定》（CPTPP）中得以完整保留。有学者指出，TPP 不仅是一份普通的自由贸易协定（FTA），更是一份典型的自由经济协定，体现出 21 世纪新型国际贸易与国际投资规则的初步形成，引领了国际贸易投资规则的发展趋势。[①]《跨太平洋伙伴关系协定》详尽地制定了国有企业相关条款，凸显了这些条款在未来全球贸易规则体系中所占据的关键地位。从国内法律条款至多边贸易协定的核心规则，国有企业条款正逐步跃居世界贸易规则的核心，成为发达国家展开贸易与投资竞争的关键政策手段，其影响力不断攀升。

4.3.3 CPTPP 规则确立的国有企业定义突破传统，扩大了规则涵盖的企业范围

《全面与进步跨太平洋伙伴关系协定》（CPTPP）对国有企业的定义有所创新，这一定义突破了传统上仅以所有权为依据的标准，转而强调政府对企业的实际控制权。根据 CPTPP 的规定，国有企业是指缔约方直接拥有 50% 以上的股份资本，并通过所有者权益控制 50% 以上投票权，或拥有任命大多数董事会或其他同等管理机构成员权力的企业。这意味着，政府拥有对企业的人事考察、任命权及影响力，如我国私营企业管理者系人大代表、政协委员等与政府有关的公共机构成员，均可能被认定为政府对企业拥有实际控制权，这样的企业很可能被认定为"国有"企业，从而受新规则约束。

[①] 张建平. 中国与 TPP 的距离有多远 [J]. 新华月报，2016（12）：30-36.

事实上，在国有企业国际法新规则出台之前，美国和欧洲部分国家已相继颁布国内反补贴领域的新法律或条例。这些新法律或条例的一个显著特点是，对国有企业的定义进行了突破性规定，使反补贴法律所监管的国有企业范围大幅扩大。这一变化源于这些国家新的反补贴法律规定，因此在国际法领域必将产生扩大监管企业范围的效果。[①]

从CPTPP等区域性自由贸易协定中可见，国际经贸领域国有企业国际法新规则基本借鉴了美国和欧洲部分国家的国内法规定。这一现象表明，在全球范围内，国有企业国际法的规范正在发生变化，监管范围逐步扩大，对国有企业的行为要求更为严格。这也意味着，我国国有企业在国际经贸活动中需要更加注重合规经营，以应对潜在的法律风险。

4.3.4 由碎片化条款向高标准制度体系迈进

世界贸易组织（WTO）的法律体系虽然涉及国有企业的规则，但分布零散、定义模糊，导致实践中产生诸多争端。为明确规范国有企业行为，美国主导的国际贸易协定往往包含专门针对国有企业的条款。此举可追溯至20世纪90年代，如《北美自由贸易协定》设有"国有企业"章节。2004年，《美国—新加坡自由贸易协定》对"政府企业"的界定和义务描述更为具体。

自全球金融危机以来，美国加快在区域贸易协定中推进国有企业规则。《全面与进步跨太平洋伙伴关系协定》（CPTPP）最具代表性，其不仅将"国有企业"作为独立章节，且规制标准和完备程度达到前所未有的水平。第17条主要规范六个方面：适用范围、非歧视性待遇、商业考虑原则、管辖权、非商业援助、透明度等。

---

① 刘敬东. CPTPP语境下国有企业新规则：背景、特点及其应对［J］. 学术论坛, 2022, 45（5）: 35-36.

CPTPP 的国有企业条款体系由适用范围、国有企业义务和责任制度三大方面构成，编写体例呈现较强的体系化特点。第 1 条规定各类定义，如商业活动、商业考虑、指定垄断、非商业援助等，相当于总则。后续各章分别规定适用范围、具体制度及例外，增强国有企业条款的适用性，有利于实践中的应用。

CPTPP 文本为发达经济体制定新一代国有企业规则提供借鉴。如美国推动的《美国—墨西哥—加拿大协定》（USMCA），即"升级版《北美自由贸易协定》"，在很大程度上复制了 TPP 的国有企业章节。在欧盟与加拿大、日本、越南等国签署的经贸协定中，国有企业条款逐渐从竞争章节独立出来。2020 年年底，《中国—欧盟全面投资协定》（CECAI）谈判完成，含多项国有企业规则。

4.3.5 补贴纪律不局限于 WTO 规则，已形成更具有针对性的新框架

在 WTO 框架下，关于国有企业补贴问题的多边纪律规范仍存在分歧和模糊之处。关于"国有企业是否属于公共机构"的争论尚未休止，而 GATS 对补贴规范的界定又具有方向性。CPTPP 创设的非商业援助新框架本质上是为国有企业专门设立的新型补贴与反补贴规则，实际上是 SCM 协定应用于国有企业的一个变种，对国有企业与政府之间的联系及其产生的影响进行了规范。主要表现在以下三个方面。

首先，规定政府和国有企业均是非商业援助的适格主体，这已超越了 SCM 协定下公共机构与国有企业之争。

其次，拓宽非商业援助范围与标准，将仅针对国有企业提供、主要由国有企业使用、向国有企业提供不成比例的援助以及各种向国有企业倾斜的援助形式纳入监管。

最后，借鉴 SCM 协定关于损害认定的规定，并将适用范围从货物贸易

扩大至服务贸易和投资领域，从而扩大了对不利影响的认定。

综上所述，CPTPP 的国有企业规则突破了 WTO 反补贴规则中构成的"政府行为"范畴，通过设立"非商业援助"制度，将众多政府行为认定为向企业输送不当利益，构成政府对企业的补贴，并推定国有企业从政府行为中获得的非商业利益具有"专向性"。若相关企业无法举证自证清白，缔约方即可对该企业作出反补贴的肯定性裁决，进而征收反补贴税。这一针对国有企业的"非商业援助"制度实际上降低了补贴认定的法律门槛，简化了补贴认定的法定程序。此外，该制度还将反补贴规则的适用范围拓展至服务贸易、投资等多个领域，实现了反补贴适用范围扩大化的实际效果。①

4.3.6 CPTPP 规定了高标准的透明度要求

CPTPP 的国有企业透明度规定对我国国有企业提出了更高的信息公开要求。根据这些规定，国有企业需要公开的大量信息包括股东信息、与企业相关的政府官员、财政拨款或优惠贷款、对外投资政策与项目等详尽资料。这对我国国有企业来说无疑是一项严峻的挑战。

在我国，尽管国务院国有资产管理委员会已在官方网站公开了国有企业名单，但与国际同行业企业相比，部分国有企业的盈利能力尚有差距。此外，有的企业往往容易获得特殊的国内融资优惠和市场垄断优势。如果有的企业在企业管理体制和机制方面不能进行重大改革，按照 CPTPP 的国有企业透明度规则，国有企业大量披露的相关信息可能被视为其他国家针对中国国有企业开展反补贴调查的证据。②

---

① 韩立余. TPP 国有企业规则及其影响 [J]. 国家行政学院学报，2016（1）：83-87.
② 刘敬东. CPTPP 语境下国有企业新规则：背景、特点及其应对 [J]. 学术论坛，2022，45（5）：36.

从这个角度来看，CPTPP 的国有企业透明度规则对我国国有企业既是挑战，也是机遇。挑战在于需要提高企业的信息公开程度，满足国际标准；机遇则在于通过改革企业体制和机制，提升国有企业的国际竞争力。

4.3.7 规则执行机制在加强

CPTPP 就国有企业条款规定了适用于争端解决机制并赋予其执行力。该机制详述于第 28 条 A 节、B 节及第 9 条 B 节，覆盖范围广泛，除第 6 条、第 16 条、第 21 条、第 22 条、第 23 条、第 24 条、第 25 条等条款外，其余章节均适用于争端解决机制。因此，第 17 条的国有企业条款得以纳入争端解决机制，大幅提升了国有企业条款的约束力及规则执行机制。第 28 条规定了通过临时专家组实施"一局仲裁"，并未设立类似 WTO 的上诉程序。这象征着争端解决效率的提升，同时也加剧了诉讼风险。

此外，TPP 第 17 条附件（17-B）就缔约方因非歧视待遇和商业考虑或商业援助发生纠纷提起仲裁时，双方提供信息的权利义务及相应后果作出规定。例如，提起仲裁方在仲裁庭设立之日起 15 天内可向另一争端缔约方提供书面问题，答复方则在 30 天内作出回应。在事实认定和初步裁定过程中，仲裁庭对不配合信息收集的一方应作出不利推定。在仲裁执行方面，TPP 明确赋予其执行力，规定了补偿、中止利益和货币补偿三项救济措施。第 9 条还详细规定了裁决执行的具体内容，如金钱损害赔偿、利息、财产返还、与仲裁有关的律师费及相关费用等。这突破了以往裁决注重事实调查的特点，强化了执行力。

值得一提的是，CPTPP 明确规定各缔约方可根据国内法对在他国经营的国有企业行使管辖权。

4.4 本章小结

CPTPP 的国有企业条款是美国主导的面向 21 世纪高标准国际经贸规则的重要部分。这一条款融合了多种理论，包括接合理论、经济优势理论、竞争中立理论和公平竞争理论，为其提供了坚实的理论基础。

然而，在实际操作中，由于遏制国家资本主义模式和主导新的国际经贸规则的动因，CPTPP 的国有企业条款却呈现出竞争歧视的嫌疑。这种现象表现在对国有企业的非中立待遇和"制度非中性"的主张上。在这一背景下，CPTPP 的国有企业条款通过削减国有企业的竞争优势，使其与其他市场主体达到表面上的公平竞争。这种做法旨在逐步消除政府对市场的干预和影响，但在一定程度上偏离了竞争中立概念的原旨，表现出对形式公正的过度偏向。相比较而言，澳大利亚模式"竞争中立"偏重于规制国有企业商业行为，其核心价值在于给予国有企业与私营企业同等竞争条件[1]，更能体现竞争中立的本意。

CPTPP 国有企业条款的显著特点是其逐渐从国内法向重要的国际规则迈进，贸易竞争政策工具性日益增强。此外，该条款的国有企业定义突破传统，扩大了规则涵盖的企业范围。从碎片化条款向高标准制度体系的迈进，体现了 CPTPP 国有企业条款的不断优化和升级。此外，CPTPP 国有企业条款的补贴纪律不局限于 WTO 规则，而是形成更具针对性的新框架。在透明度要求方面，该条款设定了高标准的透明度要求，以确保市场主体的公平竞争环境。同时，执行机制的强化也为 CPTPP 国有企业条款的有效实施提供了保障。

---

[1] 赵海乐. 是国际造法还是国家间契约——"竞争中立"国际规则形成之惑 [J]. 安徽大学学报（哲学社会科学版），2015，39（1）：116.

在区域层面，美国主导的国有企业规则已初成雏形。然而，在多边层面，国有企业规则的统一仍面临诸多挑战。可以预见，发达经济体和发展中经济体围绕竞争中立下的国有企业条款的博弈仍将继续。在这一背景下，各国应共同努力，推动国有企业国际经贸规则的不断完善，以实现全球贸易竞争的公平与公正。

总之，CPTPP国有企业条款作为美国主导的面向21世纪高标准国际经贸规则的重要组成部分，虽然在理论基础上具有坚实支撑，但在实际操作中仍面临诸多挑战。各国需在博弈中寻求共识，共同推动国有企业国际经贸规则的发展，以实现全球贸易竞争的公平与公正。

第五章
CPTPP 国有企业条款对中国提出的挑战

第五章　CPTPP 国有企业条款对中国提出的挑战

没有人能够割裂过去与现在的联系，之前的争端解决中形成的成果和经验，对今后的现实指导是显而易见的。因此回顾 GATT（1947）关于审查标准的规定与实践，对于本书而言就是一件不可回避的工作了。本章共分为四个部分：第一部分是规则导向上的挑战；第二部分是具体规则中的挑战；第三部分是规则主导权的挑战；第四部分是本章小结。

5.1　规则导向上的挑战

CPTPP 国有企业条款是基于所有制歧视的制度扩张。① 其核心内容表现在五个方面：①适用范围：涵盖传统意义上的国有企业，即政府拥有所有权或控制权的企业，以及政府授权的垄断企业，包括但不限于私人垄断和政府垄断。②公平待遇义务：要求政府确保适用范围内的企业在与缔约方进行货物或服务交易，以及涵盖投资活动中，享有无歧视待遇。③商业考量义务：要求适用范围内的企业在进行相关市场的购销活动时，仅根据商业考量作出决策，通常需与相关业务或行业的私营企业保持正常的商业行为一致。④透明度义务：主动提供或应缔约方请求提供与适用范围内的企业相关的信息，包括国有企业和政府授权垄断的清单、政府对国企的控制或影响程度、法律豁免信息、非商业援助情况等。⑤禁止非商业援助：禁止政府向适用范围内的企业提供非商业性质的援助，包括但不限于各种

---

①　应品广. 美式国有企业规则的推行路径与逻辑谬误——基于与澳式规则的比较分析［J］. 国际商务研究，2021，42（5）：58.

直接或间接的金钱或非金钱优惠。

CPTPP国有企业条款是美国主导的美式国有企业规则,其在奉行原则方面以"竞争中性"之名行"竞争非中性"之实,在制度归属方面偏离竞争政策框架实施所有制歧视,在贯彻落实方面采取双重标准且存在内部逻辑矛盾,在国际推广方面无国内实践基础且有违国际共识等逻辑谬误,[1] 扭曲了竞争中性的真正内涵,在规则导向上对中国的挑战是有可能形成新的贸易保护壁垒。

5.1.1 精神实质:以"竞争中性"之名行"竞争非中性"之实

CPTPP国有企业条款虽标榜竞争中性,但却强调针对国有企业设定专门和特殊规则,实际上体现出政府的"竞争非中性"属性,属于对竞争中性的误读。这表现在以下几个方面。

第一,CPTPP国有企业条款否定国有企业价值。[2] 对国有企业本身而非其行为进行规制,事先默认为国有企业会滥用其所有制优势,因此基本目标是消除国有企业优势。这种做法是将竞争中性的观点"国有企业因所有制而获得不正当竞争优势"诠释为"所有国有企业均具备并会运用其所有制所带来的不正当竞争优势"[3]。因此,美国试图构建一套针对所有政府扶持垄断模式的国有企业法规,其短期目标是消除商业类国有企业所具备的竞争优势,长期目标则是限制国有企业在尽可能广泛的领域内的存在。[4]

---

[1] 应品广. 美式国有企业规则的推行路径与逻辑谬误——基于与澳式规则的比较分析[J]. 国际商务研究,2021,42(5):57.

[2] 应品广. 美式国有企业规则的推行路径与逻辑谬误——基于与澳式规则的比较分析[J]. 国际商务研究,2021,42(5):65.

[3] 史际春,罗伟恒. 论"竞争中立"[J]. 经贸法律评论,2019(3):101-119.

[4] P. D. Scissors. Why the Trans-Pacific Partnership Must Enhance Competitive Neutrality [J]. Backgrounder# 2809 on Trade, 2013.

第二，CPTPP 国有企业条款忽视国别差异性、地区差异性和发展阶段性。对于发展中经济体，并未给予其特殊待遇，反而对除美国外的其他成员方提出了更为严苛的义务要求。此外，原先用以合理规避协定义务的"发展水平差异和经济多样性"原则，现已不再适用。

第三，CPTPP 国有企业条款所遵循的竞争中性仅为"狭义"和"形式"上的竞争中性。这种竞争中性观念仅关注国有企业和私营企业之间的公平竞争，表现为狭义上的竞争中性。在广义层面，竞争中性原则除了涵盖所有制中性之外，还着重关注大型企业与小型企业、跨国公司与本土企业、传统产业与新兴产业等各个层面的公平竞争。然而，CPTPP 国有企业条款仅停留在形式上的竞争中性，未能深入触及公司化改造、全面要素成本识别（包括剔除国有企业的公共服务成本）、税收中性、信贷中性和政府采购中性等竞争中性核心要素，因此无法实现真正意义上的竞争中性。

5.1.2 制度歧视：偏离竞争政策框架实施所有制歧视

CPTPP 的国有企业条款单独成章，专门针对国有企业设定规则，其规制逻辑建立在"身份"基础上，即仅国有企业受到特定约束，其他市场参与者不受限制。这不仅使其与竞争政策的衔接点"消失"，而且因其"身份歧视"导致国有企业规则赖以存在的所有制中性的基石受到冲击。此外，美式国有企业规则并未关注国有企业的竞争劣势，未考虑对承担普遍公共服务义务和广泛社会责任的国有企业进行补偿，也未充分考虑国有企业规则是否可能因与其他公共政策冲突而导致实施成本高于实施收益。尽管表面上看似维护了私营企业的公平竞争利益，但实际上却对国有企业构成了身份歧视。

5.1.3 逻辑矛盾：采取双重标准且内部逻辑矛盾

首先，CPTPP 的国有企业条款并不适用于次中央级国有企业和指定垄断，而美国的国有企业主要集中在州以下层面。这类企业普遍享有融资优惠、联邦与州税收减免以及反垄断法豁免等竞争优势，这相当于为美国规则赋予了"红利"。

其次，CPTPP 的国有企业条款存在内在逻辑矛盾。一方面，国有企业规则与投资规则不匹配。根据 CPTPP 第 9.3 条的规定，若投资章节的规定与其他章节存在冲突，应以其他章节为准。这意味着，当国有企业规则与投资规则发生冲突时，国有企业规则优先。这将导致国有企业不仅无法享受投资规则赋予的全过程国民待遇，还可能面临准入阶段的投资壁垒，使国有企业承担比非国有企业更重的责任。另一方面，国有企业规则与政府采购规则不匹配。竞争中性原则包含政府采购中性要求，但 CPTPP 规定国有企业规则不适用于政府采购。这意味着，在政府采购过程中，缔约方无须确保国有企业基于商业考虑和实施非歧视待遇，也可给予国有企业非商业援助。这有利于推动"购买美国货"，实际上是将"美国优先"原则置于"竞争中性"原则之上。

最后，国家主权豁免规则与补贴和非商业援助规则不匹配。国有企业行为是商业行为还是政府行为的关键在于其行为是否可"归因于国家"。然而，在判断是否构成外国主权豁免时，倾向于将国有企业行为认定为商业行为；在判断是否构成补贴时，则倾向于将其认定为政府行为。这种逻辑矛盾同样体现在非商业援助规则中：国有企业认定标准的扩张使得更多企业可能被认定为非商业援助，采用过错推定方式判断非商业援助与不利影响和损害之间的因果关系，可能导致缔约方乃至第三方的竞争力下降、产业经济不景气都被归咎于国有企业。① 这使得国有企业在不同场合均遭受歧视性对待。

由此可见,美国在全球范围内积极推动竞争中立规则,并在 TPP 协定中为国有企业设定严格责任,其根本目标在于限制我国国有企业在全球竞争中的表现。② 这一动机在一定程度上甚至得到了美国政府自身的承认。③

事实上,美国对我国国有企业的警惕,或许可以代表一部分发达国家面对我国国有企业日益活跃的现象而产生的心理反应。然而,这种心理反应并非仅源于国有企业导致的竞争失衡,还可能源于不同经济制度间的摩擦、信息不对称所引发的误解,甚至新兴经济体快速发展引发的危机意识等多种因素。

然而,无论基于何种原因,对国有企业施加过重的责任都可能抑制其提供公共服务的职能,使其无法发挥其设立初衷的独特价值。更重要的是,国有企业并非是竞争失衡的根源,对国有企业竞争行为的约束是合理且必要的。但如果相关规则过于严苛,影响国有企业的正常运营和盈利,则无异于为国有企业赋予了比私营企业更为沉重的责任。这可能引发新的贸易壁垒,成为发达国家限制新兴经济体和发展中国家的手段。

5.2 具体规则中的挑战

笔者认为,CPTPP 国有企业条款最具挑战性的是国有企业定义、非商业援助规则和透明度规则。我国在加入 CPTPP 谈判中应当重点关注非商业援助和透明度规则这两个方面。

---

① 刘雪红. 国有企业的商业化塑造——由欧美新区域贸易协定竞争中立规则引发的思考[J]. 法商研究, 2019, 36 (2): 170-181.
② 王婷. 竞争中立:国际贸易与投资规则的新焦点[J]. 国际经济合作, 2012 (9): 75-78.
③ 刘力瑜. 竞争中立视野下的国有企业竞争规则[D]. 长春:吉林大学, 2017, 48.

5.2.1 非商业援助制度降低了对国有企业反补贴的难度

CPTPP 虽然参考了 WTO 可诉性补贴的规则，但明显扩大了适用范围。WTO《补贴与反补贴措施协定》（SCM 协定）仅适用于会扭曲跨境货物贸易的补贴，而 CPTPP 非商业援助规则覆盖了国内市场与跨境贸易，以及境外投资企业的经营活动，且领域既包括货物交易也包括服务交易，可谓全方位覆盖。

CPTPP 中"不利影响"和"国内产业损害"与《补贴与反补贴措施协定》的高相似度揭示了其国有企业规则与补贴、反补贴规则间的密切关系。但相较于 WTO 协定，CPTPP 第 17.6 条通过放大补贴对象和补贴主体进一步实质性地限制了国有企业的商业行为。[1] 在判断"不利影响"与"损害"时，会涉及同类产品、同一市场、市场份额变化、价格削低等极其复杂的技术问题。SCM 协定以大量篇幅对相关问题进行了规定，仍无法解决实践中的各类问题。而 CPTPP 在扩大适用范围的情况下，只对技术问题作出了粗略的原则性规定，自由裁量空间较大。

同时，TPP 协定实质性地将补贴主体扩大到国有企业。依据 WTO 争端解决机构的解释，只有国有企业履行政府职责时才能将其视为公共机构，其行为才可能被定性为补贴。一方面非商业援助主体宽泛，包括政府机构和国有企业，按照第 17.6 条的脚注还包括受到政府机构委托的非国有企业；另一方面非商业援助形式多样，用语的灵活性赋予缔约方在认定上的较大自由裁量权，再加上严格的透明度要求和不符合透明度要求的不利推定，都令非商业援助的存在客观上较易认定。

---

[1] 刘瑛.《跨太平洋伙伴关系协定》国有企业章节的中国应对 [J]. 东方法学，2016（5）：58.

5.2.2 透明度规则要求的高标准和中国现有披露制度的执行

CPTPP 对国有企业信息披露的要求很高，我国在已加入的各类国际规则及贸易协定框架下尚未作出类似的信息披露承诺。在非歧视待遇和商业考量、非商业援助和透明度这三类义务中，是否违反其他两类义务，主张利益受损的成员方需提交相应证据，我国也有与其协商讨论的空间。但针对透明度要求，只要其他成员方提出书面请求，我国就需作出回应，并提供有关信息，影响十分直接。此外，各成员方在减让表中均未列入涉及透明度要求的不符措施，例外条款中也仅有门槛金额这一项例外可豁免透明度要求，豁免透明度要求的难度较高。目前仅有越南以条款脚注的形式将部分金融机构提供的融资排除在信息披露范围外。

在国际条约中规定如此详细的披露要求实属罕见，而且这只针对国有企业和指定垄断。缔约方的公开以国有企业的信息提供为前提，在某种意义上是对国有企业和指定垄断的歧视和额外负担。一旦加入 TPP 协定，中国政府和中国企业是否有意愿和足够能力完成这样的披露义务，是值得考量的。

5.3 规则主导权的挑战

（CP）TPP 国有企业规则经由奥巴马政府极力促成，它是全世界首个力求"国有企业在贸易和投资领域从事商业活动时应与私营企业公平竞争"的自由贸易协定，对于国有企业的商业活动的规制也是前所未有地全面与苛刻。从这一举措中也不难窥探出奥巴马政府对于新兴经济体发展势头的担忧，感受到了越来越多活跃在国际市场上的国有企业的强大竞争力

《全面与进步跨太平洋伙伴关系协定》国有企业条款研究

量的威胁。奥巴马政府为了保护本土企业在面对强大外国国有企业时应享有的正当利益，更是针对国有企业大国，尤其是我国，在设计国有企业条款时隐藏了政治意图；也表露了想让高标准的 TPP 国有企业规则纳入未来更多国际经贸规则中的野心，以此为契机领导新一轮的国际经贸规则变革，重返亚太、重新稳固美国的霸主地位。①

CPTPP 国有企业规则将在规则层面、贸易投资层面产生巨大影响。在规则层面，对于国有企业不公平竞争的重视进而高标准的规制无疑是有正面积极意义的，可以使国际竞争环境更开放、更公平。但事物都是具有两面性的，这种高标准如果无法实施那也只是一纸空文，束之高阁而无用武之地。对于由经济发展水平不一、国有企业使用情形不同的国家组成的 CPTPP 来说，此种高标准的国有企业规则带来的相关制度调整成本也是不尽相同的。②

由此可知，CPTPP 国有企业条款是美国引导新一代区域贸易规则的把手之一，事关新一代区域贸易规则的主导权问题。作为全球第二大经济体和拥有众多体量大、竞争力强的国有企业的中国，已经被排除在 CPTPP 规则，特别是国有企业条款的制定之外，未来如何在区域贸易协定和多边贸易协定新规则制定中发挥中国作用、贡献中国方案，是一个不容回避的现实问题。

---

① Barack Obama. The TPP Would Let America, not China, Lead the Way on Global Trade. WASHIGTON POST（May 2, 2016）［EB/OL］［2023-12-28］. http://perma.cc/yw32-tout. Last visited on MAR 28, 2020.

② Wison Center. Negotiations for a Trans-Pacific Partnership Agreement［EB/OL］［2023-12-28］. http://www.wilsoncenter.org/publication/negotiations-for-trans-pacific-partnership-agreement. last visited on Mar20, 2020.

5.4 本章小结

CPTPP 国有企业条款对中国提出了巨大挑战。这些挑战表现以下三个方面。

第一，规则导向上的挑战。CPTPP 国有企业条款名义上是以"竞争中立"为理念，实则是在"竞争中立"外衣之下，行"竞争非中立"之实。虽然包含促进公平竞争的内容，但是从制度上看，存在偏离竞争政策框架实施所有制歧视的制度歧视之嫌；从逻辑上讲，也存在采取双重标准，内部逻辑矛盾的困惑。

第二，具体规则中的挑战。CPTPP 国有企业条款是全球首个以独立章节规定国有企业纪律的区域贸易协定。CPTPP 在创新全新的国有企业定义基础上，确立了非歧视待遇和商业考量、非商业援助和透明度规则等三大基本规则。在具体规则层面至少给中国提出以下三个方面的挑战：一是基于控制的判断标准的国有企业界定对国有企业改革提出的难题；二是非商业援助制度降低了对国有企业反补贴的难度；三是透明度要求的高标准和中国现有披露制度的执行不力形成鲜明反差。

第三，规则主导权的挑战。CPTTP 国有企业条款实质上反映了美国与中国争取新一代贸易规则主导权，须处理得当。

第六章
应对 CPTPP 国有企业条款的中国方案

第六章 应对 CPTPP 国有企业条款的中国方案

第一个全球化时代的崩溃和世界市场的开放戛然而止启示我们，全球化的成功需要有利的国际政治环境。世界经济的全球化并不是自动发展的，而是需要各经济体之间展开合作。"二战"后，美欧等经济体依靠国际规则制定权获得了主导世界政治与经济的权力。不管是在 IMF、WB 还是 WTO，美国与欧盟一直以来都在管理与规则制定层面占据主导地位。

当前对国有企业国际规制正处于考验期，背后是规则话语权较量和利益交换。[①] 作为国有企业大国的中国，应当为国有企业国际规制贡献自身应有的力量。

6.1 规则导向上的对策

如前文所述，CPTPP 国有企业条款倡导的竞争中立理念符合国有企业国际治理的发展方向，但是同时也要深刻认识到该条款存在制度非中性，有可能产生新的贸易壁垒。因此，针对 CPTPP 国有企业条款的现状，中国在规则导向上应当秉持的理念是在有序竞争与国家利益之间寻求平衡。

6.1.1 规范国有企业治理，促进公平竞争

从本质上讲，竞争中立的理念与我国经济体制改革目标相契合。竞争中立的主要目的是为市场主体营造一个公平竞争的统一市场环境，尤其在

---

① 韩立余. 国际法视野下的中国国有企业改革［J］. 中国法学，2019（6）：161-183.

消除市场主体因所有制差异所遭受的不平等待遇方面表现突出。我国经济体制改革的过程，简而言之，便是不断激发市场主体活力、提升市场机制效率以及优化政府作用的过程。随着经济体制改革的深化，我国竞争中立理念不断深入人心，尽管称呼上可能存在差异，官方和普通民众更倾向于称之为"公平竞争"，但实质上可谓之"竞争中立"。

在认识到竞争中立理念与我国经济体制改革目标一致性的同时，我们应清醒地意识到我国尚未建立形式上及实质上的竞争中立规则。理念的相似并不代表实质的相同，只有建立起实质上的竞争中立规则，才能真正发挥竞争中立所具备的激发市场主体活力、构建公平竞争有序市场环境的作用。

《国企改革三年行动方案（2020—2022年）》明确了我国现阶段深化国有企业改革的重点任务，其中包括积极推动国有企业公平参与市场竞争，优化营商环境。具体措施之一是规范补偿机制，建立健全符合国际惯例的补贴体系。因此，CPTPP国有企业规则磋商与深化国有企业改革工作相辅相成，应统筹推进。例如，以加入CPTPP为契机，全面梳理国有企业现有各类补贴及支持措施，形成规范化体系。未来若完成磋商、顺利加入CPTPP，则应在规则框架下向国有企业提供支持。[1]

6.1.2 坚守底线，坚决维护国家利益

6.1.2.1 坚持以多边贸易法律框架为国际法治基础重塑国有企业规则

在多边货物贸易和服务贸易框架下，关于国有企业的初步规则已经确立。因此，在国际层面制定国有企业规则的过程中，我国应坚持依托多边

---

[1] 秦佳萌，李红. CPTPP国有企业规则介绍与评析［J］. 国际工程与劳务，2021（5）：36-39.

贸易框架，逐步推进国有企业规则的制度建设，而非直接采纳或照搬发达国家的范本。

首先，我国应推动国有企业规则从"企业所有权"标准转向多边贸易法律框架下的"贸易特权"标准。这一转变关注矫正公共权力机构贸易特权的授予对国有企业间公平竞争的扭曲及对贸易的阻碍，而非仅因企业所有权归属推定其限制竞争与限制贸易的效果。对国有企业和私有企业应一视同仁，共同营造公平竞争的市场环境。

其次，将透明度原则和非歧视待遇作为国有企业的基础性义务，但将非歧视待遇限定在最惠国待遇范围内，并考虑分阶段逐步推进国民待遇的可行性。

再次，拒绝将商业性考虑作为国有企业的基础性义务之一，坚持国有企业行为是否遵守商业性考虑仅作为判断是否存在非歧视待遇的考虑因素。

最后，以世界贸易组织《补贴与反补贴措施协定》及其判例法为基础，重塑国有企业非商业援助的相关规则。主张只有在国有企业行使政府职能时才存在非商业援助的可能性，坚持将"利益授予"作为非商业援助的构成要件之一，并要求"利益授予"的比较判断仅以跨境交易的购买国和出售国的市场条件作为依据。

6.1.2.2 坚定维护国家利益

在参与国有企业竞争规则的国际谈判时，我国应备有自己的方案，明确自己在谈判中应当坚持的底线。根据对现有国际条约中有关国有企业权利义务的分析，以下建议或可参考。

首先，在国有企业的概念上，应对"控制"的含义持谨慎态度，明确"政府控制"不包括政府持有少数所有权，或政府不持股但对国有企业"施加影响力"的情形，以免华为、中兴等私营企业因所谓的"受到政府控制"而被认定为国有企业、承担不合理的义务。

其次，我国应强调国家拥有设立和维持国有企业的权利。此外，在非歧视待遇和商业考虑规则中，应彻底排除该规则对国有企业公共服务职能的适用，并明确拒绝国有企业参与商业活动"仅"须依据商业考虑作出决定的要求。

再次，关于补贴问题，无论是沿用"补贴"的称呼，还是对其他术语（如"非商业援助"）加以专门规定，都必须强调补贴与国有企业之间的"专项性"需要证明，而非只要给予国有企业的帮助就直接推定为补贴。若不能证明补贴的专项性，则不得适用反补贴措施。

最后，在透明度要求上，我国与谈判方必须平等地适用相关规则，绝不承担单方面的更高要求。在必要时，还可争取适用透明度要求的过渡期。

我国作为国有企业大国，以及国有企业竞争扭曲问题受到最多关注的国家，尤其应当注意将自己对国有企业竞争规则的立场和诉求在国际法场合进行表达。只有积极主动地参与相关规则的制定，提出自己的议案，才能在未来的国际经济协议中更多地反映我国的立场，维护我国国有企业的利益和国家利益。

6.2 具体规则中的对策

中国已经正式提出加入 CPTPP，因为应对 CPTPP 国有企业条款是加入 CPTPP 谈判中的重要议题。在加入谈判中，中国应当秉持竞争中立的理念，充分利用例外规则，做好减让表，最大可能地维护自身权益。具体而言，可重点进行以下三方面的工作。

6.2.1 加强国有企业分类监管，规范政府补贴模式

面对 CPTPP 国有企业条款对中国提出的挑战，中国从政府补贴和国有企业分类这两方面应作出调整以积极应对。

6.2.1.1 弥补自身缺陷，规范政府补贴模式

CPTPP 中对国有企业所设立的规定，实则首次在区域内全面体现了竞争中立的原则。该原则主张国有企业和私有企业应在公平竞争的基础上，实现平等对待。在我国国情背景下，这一标准显然较高，甚至可被视为苛刻。

竞争中立规则的一个重要内容是防止国有企业获得交叉补贴。所谓国有企业交叉补贴，即在承担社会责任和非营利活动的同时，国有企业从事商业经营，政府基于其社会责任义务而给予补贴。此种做法本无可厚非，但在实践中，政府对国有企业的补贴往往超过了其因承担社会责任而导致的亏损，反倒在一定程度上形成了国有企业的竞争优势，导致竞争不公平。

当前，我国国有企业在国际投资和贸易活动中发挥着重要作用。由于承担着特殊的社会责任，其获得的利润有的与市场利润不符。为弥补这一不足，使国有企业更好地履行职责，我国政府通常在融资贷款和税收方面给予一定的优惠。他国企业可以依据 CPTPP 中关于国有企业的非商业援助不损害他国利益、非歧视及商业考量等义务，对我国国有企业展开审查，甚至提起诉讼。

但在当前阶段，我国尚无法完全放开对国有企业的管控，使其像发达国家如美国那样，完全交由市场调节。政府对国有企业的适当补贴和援助在所难免。既然如此，就必须进一步规范补贴行为。政府进行补贴时，必

须确保其必要性，即仅在必要时方可进行，且补贴范围和力度适中，不对同行业其他企业造成严重影响。同时，提高补贴过程的透明度，及时向其他有必要了解补贴内容的对象公开信息，包括补贴原因、内容、阶段性成果等。一旦国有企业能够正常经营或弥补因承担社会责任而导致的亏损，应及时停止补贴。

此外，应建立独立的监督和审查机制。一旦政府对某国有企业发起补贴，相关机构应对补贴过程进行全程监督和审查，确保补贴合理合法，不破坏公平竞争的市场秩序。此类机构的设立应独立于国企和政府，以确保审查过程的实施性和公正性。

CPTPP对成员国国有企业提出的非商业援助不损害他国利益和非歧视及商业考量两大义务，无疑增加了我国国有企业在投资和贸易活动中遭受他国企业反补贴审查甚至诉讼的风险。为应对这一挑战，我国应在不能立即终止所有形式补贴的前提下，对其进行合理化和规范化，将补贴对市场公平竞争秩序的影响降至最低，使他国企业无可挑剔。

针对目前我国国有企业的实际情况，要坚决杜绝国有企业补贴"一刀切"式做法，通过对国有企业分类和业务性质的区别，制定补贴条例，加速清除多余或不正常的补贴；进一步完善国有企业的成本核算系统，增强其精确度和适用性；逐步健全各种市场的定价机制，消除因各种隐性补贴而产生的"不正当竞争优势"，并尽可能地避免在制度层面或事实层面上优先给予国有企业各种补贴政策；针对此前中央政府及各地政府为维护国有企业的竞争优势所采取的过度补贴、非必要补贴等措施，坚决予以清除；同时，要尽快建立资源产品的价格形成机制，以避免国有企业利用价格优势谋取非法利益。

6.2.1.2 加快国有企业分类改革

对于国有企业，根据其功能与目标进行分类，明确区分承担政府职责

第六章 应对 CPTPP 国有企业条款的中国方案

与不承担政府职责的国有企业，以及承担公共政策与不承担公共政策的国有企业。针对不同类型企业，实施差异化政策、提供差异化待遇、设定差异化要求。这种分类方法既符合国际社会的实践，也得到国际法的许可。在挪威和芬兰，国有企业分为三类：一是无战略利益且具有商业目标的商业国有企业；二是具有战略利益的商业国有企业；三是肩负特殊任务和目标的国有企业。在立陶宛，国有企业的类型包括：追求企业价值增加的企业、谋求战略利益的国有企业，以及追求社会和政治目标而非商业目标的国有企业。智利、葡萄牙和瑞士等国也实施了类似的分类。[①]

新加坡国有企业分为垄断性法定机构和竞争性政府关联公司两类，分别实施不同的干预和管理手段。垄断性法定机构不以营利为目标，主要在基础设施和公共服务领域营造良好市场环境；竞争性政府关联公司则以利润最大化为目标，采用专业化管理方式。在法国，国有企业分为垄断性和竞争性两类，根据企业在市场活动中的竞争性、行业规模效应以及是否需要大规模基础设施投资等因素进行分类。其中，垄断性国有企业主要在能源、交通等行业，以"保护公民福利，满足人民需求"为经营目的；竞争性国有企业则分布在加工工业、建筑业和服务业等领域，政府管理相对宽松，采用私法进行规范，较少干预。

2015 年，中共中央、国务院印发《关于深化国有企业改革的指导意见》发布，提出将国有企业分为商业类和公益类两类，以分类推进国有企业改革。中国国务院国有资产监督管理委员会、中国财政部和中国国家发展和改革委员会 2015 年联合发布了《关于国有企业功能界定与分类的指导意见》，为国有企业改革提供了指导。然而，审视这些意见可知，现有的两类分法，尤其是商业类的具体类型，并不能精确界定国有企业的功能与目标。

在现有分类中，公益类国有企业主要致力于民生、社会、公共产品及

[①] 韩立余. 国际法视野下的中国国有企业改革 [J]. 中国法学, 2019 (6)：161-183.

服务，其余国有企业则被视为商业类。商业类涵盖了以资产保值、增值为主导的企业（竞争类）以及涉及国家安全、承担重大专项任务的企业（国家安全类），经济效益和资本回报仍为主要考核内容。商业类又包括"主业处于充分竞争行业和领域的商业类国有企业""主业处于关系国家安全、国民经济命脉的重要行业和关键领域、主要承担重大专项任务的商业类国有企业"以及"处于自然垄断行业的商业类国有企业"。

国家安全关乎全体人民的安全与福祉，因此，国家安全类应纳入公益类，由国家承担相应费用和风险，并为各类国家支持提供合法依据。同时，商业类和公益类国有企业均需遵循市场化原则，实行商业化运作，引入市场机制。在涉及国家安全和自然垄断方面，商业类与公益类之间界限模糊。

现有分类原则基于出资方进行分类，缺乏明确统一的标准，可能导致分类混乱。为更精确地界定国有企业功能和目标，有必要对现有分类进行调整和完善。

鉴于上述情况，建议将国有企业划分为以下三类：商业类（一般竞争类）、公益类以及国家安全类。这样的分类既有助于确保政企分开、政资分开的实施，为从企业管理向资本管理转变奠定基础，同时也有利于明确不同所有制企业之间的竞争范围，为国有企业的发展提供依据。

6.2.2 提升国有企业信息披露制度，强化决策透明度

若想加入CPTPP，我国国有企业的信息披露制度必然要根据国有企业章节所要求的透明度进行完善。中国当前所面对的一个困境在于，既要保证国家秘密和敏感信息的安全性，又要明确其信息公开内容的范围、详细程度，以防止企业的选择性披露，应做好以下两点工作。[1]

---

[1] 张继瑶. CPTPP国有企业规则研究[D]. 大连：大连海事大学，2023.

第一，我国应当对信息披露义务主体进行明确的界定。第一种是关于企业自身的相关信息，如经营状况、经营范围应该由企业自己公布。第二种是关于国有企业发展的宏观情况，需要由政府的相关部门发布。对信息披露的主体进行分类，可以明确其责任，促使其主动承担起信息公开的责任，增强自身的信息披露意识，为公众提供便利。第二，我国应当拓宽信息公开渠道。国有企业的信息发布不应仅限于形式，也不应只发布信息以完成上报工作，而是要尽可能地把不属于核心内容的信息公开，让大众对此有更多的认识，保障民众的知情权。

6.2.3 善用例外规则，写好国有企业减让表

对于拥有大量国有企业的中国而言，加入CPTPP，势必要对国有企业条款中所允许的例外进行全面深入的研究，争取获得协定所允许的最大范围的例外。

一是中国可通过谈判争取更多的例外，例如，争取3~5年的适用过渡期、寻求新加坡与马来西亚在CPTPP中所要求的附件例外，以及在国别例外清单中做文章。

二是高度重视减让表磋商工作。减让表是我国与CPTPP现有缔约方的磋商重点。我国应结合国情在减让表中列明涉及我国重大利益的、需继续维持的不符措施，确保规则对我国公有制经济发展的影响可控。例如，可参考越南减让表的模式，灵活结合行为描述与机构列举两种模式，扩大减让表的覆盖范围。除减让表外，考虑到透明度要求较高，我国还应争取通过设置信息披露过渡期、通过脚注排除重要机构信息披露义务等方式，争取充分的缓冲空间。国有企业，尤其是重点行业的大型国有企业应高度重视此项工作，对标规则梳理现存不符措施，评估改革不符措施的可行性或继续保留不符措施的必要性，积极为国家层面对外磋商

工作提供参考建议及技术支持。

6.3 规则主导权的对策

6.3.1 加快区域经济一体化建设，强化规则制定话语权

中国应当利用"一带一路"倡议的契机，通过与周边国家的双边和区域贸易协定，推广自我版本的国有企业规则，从被动应对规则的执行者逐步成长为主动参与规则的引领者。[①] 近年来以区域化为主要路径的竞争治理规则演进实际上并未真正回应发展中国家要求对私人垄断力量进行更为有效规制的利益诉求，却对倡导竞争中立的国有企业规则要求实体性质的国际立法，借由新规则抬高国际贸易的准入门槛，将包括中国在内的拥有众多国有企业的新兴经济体排除在新的国际贸易体系之外。中国应当在全球经贸治理中从被动应对的规则执行者逐步成长为主动参与的规则引领者，通过"一带一路"倡议，以及中韩自贸协定、中日韩自贸协定、亚太自贸区等区域协定发挥领导力，推动有利于发展中国家利益的新版本国有企业规则的生成，防止西方国家主导的新一代国有企业规则版本演变成为国际经贸领域的习惯规则。

6.3.2 以竞争中立为基点，制定国有企业竞争规则，提供中国方案

在坚决反对针对国有企业制定歧视性规定的同时，我国可以借鉴国内改革实践以及澳大利亚国有企业规则的实施路径，构建符合中国特色的竞

---

① 王秋雯. 国有企业规则在区域贸易谈判平台中的新发展与中国对策［J］. 国际贸易，2018（6）：66.

争中立规则体系，提供中国方案，并逐步将其推广至国际层面，参与不同版本的竞争中立"制度竞争"。具体而言，构建中国特色的竞争中立规则体系可考虑以下四个方面。

6.3.2.1 将竞争中立纳入竞争政策体系

我国竞争政策的核心在于竞争法（尤其是反垄断法）和公平竞争审查制度。首先，在反垄断法修订之际，应在立法中明确竞争中立规则，通过修改现有《中华人民共和国反垄断法》第7条，消除对国有企业提供"特别保护"的歧义。其次，融合竞争中立与公平竞争审查制度，通过完善公平竞争审查制度实现竞争中立。当前的公平竞争审查制度是基于《国务院关于在市场体系建设中建立公平竞争审查制度的意见》（2016），虽然体现了税收中性、补贴中性和监管中性等原则，但未涵盖竞争中立的全部要素。因此，可以通过完善公平竞争审查制度或将其作为竞争中立规则的组成部分，进一步优化我国的竞争政策体系。

6.3.2.2 明确竞争中立的制度构成

设定适用范围，竞争中立仅适用于"重要"国有企业的商业行为，排除非商业行为；确立判断标准，包括商业化运作、税收中性、补贴中性、信贷中性、监管中性、政府采购中性等；建立投诉机制，允许所有市场主体对违反竞争中立的行为进行投诉；确定实施机构，由专门机构（如竞争主管机构）负责受理投诉，并赋予其向有关部门提出建议的权力，必要时也可赋予其一定的"矫正权"；设定实施机制，包括只在"收益大于成本"的情况下实施，构建专门的转移支付制度等。

6.3.2.3 秉持更具包容性的竞争中立理念

我国不仅倡导不同所有制企业间的公平竞争，还提倡不同规模（大企

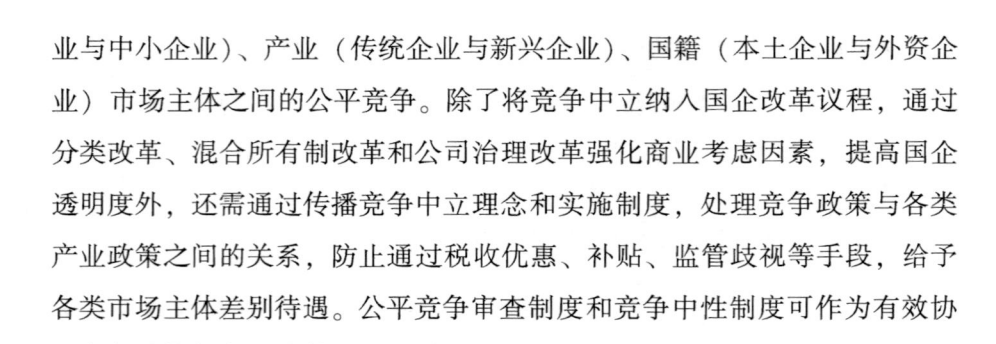

业与中小企业）、产业（传统企业与新兴企业）、国籍（本土企业与外资企业）市场主体之间的公平竞争。除了将竞争中立纳入国企改革议程，通过分类改革、混合所有制改革和公司治理改革强化商业考虑因素，提高国企透明度外，还需通过传播竞争中立理念和实施制度，处理竞争政策与各类产业政策之间的关系，防止通过税收优惠、补贴、监管歧视等手段，给予各类市场主体差别待遇。公平竞争审查制度和竞争中性制度可作为有效协调竞争政策与产业政策的重要手段。

6.3.2.4 在国际层面推广中式竞争中立规则

国际推广需与国内实践相匹配。如果没有完善的国内制度体系及实践支撑，在国际层面形成"话语权"将颇具挑战。建立在上述思路基础上的中式竞争中立规则体系，凭借国内改革实践支撑和最大限度融合竞争中立的国际元素，不仅有助于抵消 CPTPP 国有企业条款的不利影响，还能为国际经贸治理贡献"中国方案"。因此，我国可通过国际组织、"一带一路"等平台传播中式竞争中立理念，并在双边、区域乃至多边协议中逐步融入符合中式竞争中立理念的规则。

我国应积极参与相关国际规范与制度的研讨与制定，将符合国家利益诉求的理念融入国际组织的指导与实践中，使其在制度化过程中尽可能朝着与中国利益相一致的方向发展，以抵消不利影响。鉴于竞争中立规则在国际层面尚未形成共识与合意，仅能表现为国家间的契约，而非国际立法。因此，我国应在逐步聚焦 CPTPP 国有企业条款的基础上，汲取竞争中立的养分，并与发展中国家协同，争取更多的有利条款，提出适应新兴国家发展的国际竞争规则。在国家间契约的形成过程中，选择恰当的国际组织作为平台，将不利于我国的制度转变为更为中性与公平的制度，尤其需警惕多边谈判中出现的各自为政现象，推动国有企业国际化改革。

6.4 本章小结

CPTPP 国有企业条款所规定的新规则的核心目标旨在维护国际市场的公平竞争，防止国有企业借助国家和政府的支持获得比非国有企业更多的竞争优势，避免因此造成国际市场扭曲，而这一核心目标本身是符合市场经济原理的。以维护市场公平竞争为目标的新规则与我国建设社会主义市场经济的总目标以及国有企业改革的大方向并不矛盾。社会主义市场经济是我国的基本经济制度，国有企业在社会主义市场经济建设中发挥着不可替代的特殊重要作用，国有企业应当也必须在市场经济的大海中不断提高自身的综合竞争力，只有这样才能实现中央提出的做大做强做优的战略目标。国际经贸领域中的国有企业国际法新规则，从其规制目的及规则具体内容来看，总体上未脱离维护市场公平竞争这一核心原则，从这个意义上讲，这些国际法新规则与我国社会主义市场经济的总目标以及国有企业改革的大方向并不违背，这一基本判断为我国参与包含国有企业新规则的自由贸易协定谈判并最终接纳新规则提供了共同的基础。

在具体规则层面，绝不应持全面否定的态度，而应从理论和实践的角度认真研判，进而确定针对国有企业国际法新规则应持立场、谈判方案及具体应对措施，积极推动我国社会主义市场经济及国有企业改革进程向纵深发展。对于那些带有歧视性和明显不符合基本法理与正当程序原则的规则，如"非商业援助"制度中不合理的因素、以"企业领导党派及政治身份"判定企业所有权性质、"举证责任倒置"等，应在谈判过程中予以解决，或者采取各方均能接受的方式予以化解，力争将这些规则的破坏性降至最低。

从规则导向层面而言，我们应当在竞争中立理念下，规范国有企业治理，促进公平竞争；同时要坚持以多边贸易法律框架为国际法治基础重塑国有企业规则，坚定维护国家利益。

从具体规则应对层面来说，一是要加强国有企业分类监管，规范政府补贴模式；二是提升国有企业信息披露制度，强化决策透明度；三是要善用例外规则，写好中国的国有企业减让表。

从规则主导权层面来看，一方面要加快区域经济一体化建设，强化规则制定话语权；另一方面要以竞争中立为基点，制定国有企业竞争规则，为国有企业国际规制提供中国方案。

在申请加入 CPTPP 背景下，应密切关注当前国有企业国际法新规则的理论与实践发展动向，统筹谈判各方立场并结合中国国有企业的自身特点，以确定谈判方案并推进国内的国有企业改革向纵深发展。

第七章
主要结论和问题

第七章　主要结论和问题

7.1　主要结论

针对本书绪论中提出的"拟研究的主要问题"概括出本书的主要结论如下。

7.1.1　国际贸易协定中国有企业的定义

世界贸易组织（WTO）体制中并未对国有企业作出明确定义，其秉持所有制中立原则。对比《北美自由贸易协定》（NAFTA）、《跨太平洋伙伴关系协定》（CPTPP）以及《美国—墨西哥—加拿大协定》（USMCA）对国有企业的定义，这些协定均旨在约束由国家拥有或受国家所有者权益控制的国有企业，以期实现更为公平的市场竞争环境。

CPTPP 关于国有企业的界定已经不再局限于"政府对企业的所有权"，而是向"政府对企业的控制权"发展，其中的关键在于如何去界定"控制"。中国需要明确的是，不管是政府享有法律上指示企业行动的权力，或根据法律规章行使同等控制的权力，都需要具体的、非普适性的国内的法律法规予以规定，否则不构成政府对企业的控制。

7.1.2　CPTPP 国有企业条款的主要内容

非歧视待遇和商业考量规则、非商业援助规则和透明度规则构成了

CPTPP 关于国有企业规制三大基本义务。

首先，CPTPP 非歧视待遇与商业考虑条款将商业考虑义务置于非歧视待遇之前，要求国有企业在参与国际贸易活动中需如私营企业般行事，避免利用政府所有权所赋予的不正当竞争优势。其次，在国际贸易活动中，国有企业基于商业考虑因素产生的差别待遇并不被视为违反非歧视待遇。最后，当国有企业根据公共服务指令提供或购买货物及服务时，只需遵循非歧视原则，而无须遵守商业考虑义务。CPTPP 国有企业规则中的非歧视待遇具有明显的指向性，是为国有企业量身定制的，国有企业在本条中承担的不合理义务显然被进一步加重了。

CPTPP 中所规定的非商业援助规则，是美国对现行反补贴制度不满的产物，深刻体现了美国对改革反补贴规则的迫切需求和全新诉求，是其重构反补贴规则战略的关键环节。CPTPP 对非商业援助进行了明确定义，涵盖了政府和国有企业之间，以及国有企业之间的财政援助，并详细列举了多种财政援助形式。在判断非财政援助方面，CPTPP 采纳了《补贴与反补贴措施协定》中的认定方法和规则，从而为美国当局针对国有企业开展反补贴调查提供了便利。

CPTPP 透明度规则方面更加严格，规定了缔约方的两项主动披露义务。严格的透明度要求增加了企业负担，与我国当前的信息披露水平不相适应。除我国当前披露水平有限之外，CPTPP 本身的透明度规则亦存在不合理之处，并对我国产生不利影响。

7.1.3　CPTPP 国有企业条款的理论基础、性质和特征

CPTPP 的国有企业条款是美国主导的面向 21 世纪高标准国际经贸规则的重要部分。这一条款融合了多种理论，包括接合理论、经济优势理论、竞争中立理论和公平竞争理论，为其提供了坚实的理论基础。

然而，在实际操作中，由于遏制国家资本主义模式和主导新的国际经贸规则的动因，CPTPP 的国有企业条款却呈现出竞争歧视的嫌疑。这种现象表现在对国有企业的非中立待遇和"制度非中性"的主张上。相比较而言，澳大利亚模式"竞争中立"偏重于规制国有企业商业行为，核心价值在于给予国有企业与私营企业同等竞争条件，更能体现竞争中立的本意。CPTPP 国有企业条款的另一显著特点是其逐渐从国内法向重要的国际规则迈进，贸易竞争政策工具性日益增强。此外，该条款的国有企业定义突破传统，扩大了规则涵盖的企业范围。从碎片化条款向高标准制度体系的迈进，体现了 CPTPP 国有企业条款的不断优化和升级。

总之，CPTPP 国有企业条款作为美国主导的面向 21 世纪高标准国际经贸规则的重要组成部分，虽然在理论基础上具有坚实支撑，但在实际操作中仍面临诸多挑战。各国需在博弈中寻求共识，共同推动国有企业国际经贸规则的发展，以实现全球贸易竞争的公平与公正。

7.1.4　CPTPP 国有企业条款对中国提出的挑战

CPTPP 国有企业条款对中国提出了巨大挑战。这些挑战表现如下三个方面。

第一，规则导向上的挑战。CPTPP 国有企业条款名义上是以"竞争中立"为理念，实则是在"竞争中立"外衣之下，行"竞争非中立"之实。虽然包含促进公平竞争的内容，但是从制度上看，存在着偏离竞争政策框架实施所有制歧视的制度歧视之嫌；从逻辑上讲，存在着采取双重标准，内部逻辑矛盾的困惑。

第二，具体规则中的挑战。CPTPP 国有企业条款是全球首个以独立章节规定国有企业纪律的区域贸易协定。CPTPP 在创新国有企业定义基础上，确立了非歧视待遇和商业考量、非商业援助和透明度规则三大基本规则。在具体规则层面至少给中国提出以下三个方面的挑战。一是基于控制的判断标准的国有企业界定对国企改革提出的难题,二是非商业援助制度降低了对国有企业反补贴的难度,三是透明度要求的高标准和中国现有披露制度的执行形成一些反差。

第三,规则主导权的挑战。CPTTP国有企业条款实质上反映了美国与中国争取新一代贸易规则主导权,须处理得当。

7.1.5 应对CPTPP国有企业条款的中国方案

CPTPP国有企业条款所规定的新规则的核心目标旨在维护国际市场的公平竞争,防止国有企业借助国家和政府的支持获得比非国有企业更多的竞争优势,避免因此造成国际市场扭曲,而这一核心目标本身是符合市场经济原理的。以维护市场公平竞争为目标的新规则与我国建设社会主义市场经济的总目标以及国有企业改革的大方向并不矛盾。社会主义市场经济是我国的基本经济制度,国有企业在社会主义市场经济建设中发挥着不可替代的特殊重要作用,国有企业应当也必须在市场经济的大海中不断提高自身的综合竞争力,只有这样才能实现中央提出的做大做强做优的战略目标。国际经贸领域中的国有企业国际法新规则,从其规制目的及规则具体内容来看,总体上未脱离维护市场公平竞争这一核心原则,从这个意义上讲,这些国际法新规则与我国社会主义市场经济的总目标以及国有企业改革的大方向并不违背,这一基本判断为我国参与包含国有企业新规则的自由贸易协定谈判并最终接纳新规则提供了共同的基础。

CPTPP国有企业条款表明国际经贸领域规制国有企业的国际法新规则加速形成,并且突破了WTO多边贸易体制涵盖协定规则规制的范畴,成为备受国内外关注的国际法热点问题。国有企业新规则的核心是维护国际市场的公平竞争,这与我国社会主义市场经济和国有企业改革的方向是一致的。

从规则导向层面而言，我们应当在竞争中立理念下，规范国有企业治理，促进公平竞争；同时要坚持以多边贸易法律框架为国际法治基础重塑国有企业规则，坚定维护国家利益。

从具体规则应对层面来说，一是要加强国企分类监管，规范政府补贴模式；二是要提升国有企业信息披露制度，强化决策透明度；三是要善用例外规则，写好中国的国有企业减让表。

从规则主导权层面来看，一方面要加快区域经济一体化建设，强化规则制定话语权；另一方面要以竞争中立为基点，制定国有企业竞争规则，为国有企业国际规制提供中国方案。

在申请加入 CPTPP 背景下，应密切关注当前国有企业国际法新规则的理论与实践的发展动向，统筹谈判各方立场并结合中国国有企业的自身特点，以确定谈判方案并推进国内的国有企业改革向纵深发展。

7.2 尚需进一步讨论的问题

经过研究，本书形成了对 CPTPP 国有企业条款的系统认识，但是仍存在不足，研究远未结束。至少有以下几个方面的问题需要进一步讨论：

第一，国际贸易协定中的国有企业定义问题。CPTPP 关于国有企业的界定已经不再局限于"政府对企业的所有权"，而是向"政府对企业的控制权"发展，其中的关键在于如何去界定"控制"。这是需要进一步研究的问题。

第二，本书只研究了 CPTPP 国有企业条款，对于诸如《美国—墨西哥—加拿大协定》《中国—欧盟全面投资协定》以及其他双边贸易协定中的国有企业条款没有涉及。在国有企业国际规则造法背景下，全面系统地研究多边和区域层面的相关协定是下一阶段要进行的工作。

第三，有关 CPTPP 缔约方落实协定的相关承诺的具体进展，需要进一步追踪。这是一项艰巨而又十分有意义的工作。

第四，有关中国的对策研究还需要加强。至少有以下问题需要关注：中国在加入 CPTPP 谈判中应当提出什么样的国有企业定义？或者说应当如何在 CPTPP 既有定义的基础上，充分利用例外条款和减让表，尽可能地排除该协定对中国大型国有企业参加国际贸易与投资带来的弊端？如何在国内建立以竞争中立为核心的竞争政策制度，并在国际层面推广中式竞争中立制度？

参考文献

一、中文类著作

1. 刘敬东. CPTPP 与国际经贸新规则：理论与实践［M］. 北京：中国社会科学出版社，2023.

2. 余莹. 国有企业国际规则与中国国企海外投资［M］. 北京：中国社会科学出版社，2022.

3. 石颖. 国际规则与国有企业改革［M］. 北京：中国言实出版社，2022.

4. 张斌. 国有企业竞争中立：规则演进与比较［M］. 上海：上海人民出版社，2022.

5. 高维和，殷华，张懿伟. 国际"竞争中立"国有企业条款与中国实践［M］. 北京：格致出版社；上海：上海人民出版社，2019.

6. 保罗·纽尔，竞争与法律：权力机构、企业和消费者所处的地位［M］. 刘利，译. 北京：法律出版社，2004.

7. 石伟. "竞争中立"制度的理论与实践［M］. 北京：法律出版社，2017.

8. 丁茂中. 竞争中立政策研究［M］. 北京：法律出版社，2018.

9. 经济合作与发展组织. 竞争中立：经合组织建议、指引与最佳实践纲要［M］. 谢晖，译. 北京：经济科学出版社，2015.

10. 经济合作与发展组织. 竞争中立：维持国有企业与私有企业公平竞争的环境［M］. 谢晖, 译. 北京：经济科学出版社, 2015.

11. 经济合作与发展组织. 竞争中立：各国实践［M］. 赵立新, 蒋星辉, 高琳, 译. 北京：经济科学出版社, 2015.

12. 陈德铭, 等. 经济危机与规则重构［M］. 北京：商务印书馆, 2014.

13. 李建伟. 中国企业立法体系改革：历史、反思与重构［M］. 北京：法律出版社, 2012.

14. 曼昆. 经济学原理［M］. 3 版. 梁小民, 译. 北京：三联书店, 北京大学出版社, 2001.

15. 保罗·A. 萨缪尔森, 威廉·D. 诺德豪斯. 经济学（上、下）［M］. 高鸿业, 等译. 北京：中国发展出版社, 1992.

16. 程志强. 国有企业改革和混合所有制经济发展［M］. 北京：人民日报出版社, 2015.

17. 唐国强. 跨太平洋伙伴关系协定与亚太区域经济一体化研究［M］. 北京：世界知识出版社, 2013.

18. 赵晋平. 跨太平洋伙伴关系协定［M］. 北京：中国财政经济出版社, 2013.

19. 刘瑞明. 国有企业的双重效率损失与经济增长：理论和中国的经验证据［M］. 上海：上海人民出版社, 2013.

20. 朱锦清. 国有企业改革的法律调整［M］. 北京：清华大学出版社, 2013.

21. 曹建明, 贺小勇. 世界贸易组织［M］. 北京：法律出版社, 2011.

22. 廖红伟. WTO 争端解决制度与国有企业改革研究：一个法经济学的视角［M］. 北京：经济科学出版社, 2009.

23. 李瑞琴. 区域经济一体化对世界多边自由贸易进程的影响［M］. 北京：中国财政经济出版社, 2008.

24. 中国社会科学院世界经济与政治研究所国际贸易研究室. 《跨太平洋伙伴关系协定》文本解读［M］. 北京：中国社会科学出版社，2016.

25. 王辉耀. 中国企业全球化报告（2015）［M］. 北京：社会科学文献出版社，2015.

26. 闫长乐，张永泽. 国有企业改革与发展研究［M］. 北京：中国经济出版社，2012.

27. 约翰·H. 杰克逊. GATT/WTO 法理与实践［M］. 张玉卿，李成钢，等译. 新华出版社，2002.

28. 伯纳德·霍尔曼，迈克尔·考斯泰基. 世界贸易体制的政治经济学——从关贸总协定到世界贸易组织［M］. 刘平，等译. 北京：法律出版社，1999.

29. 李双元，蒋新苗. 世贸组织规则研究：理论与案例［M］. 2 版. 武汉：武汉大学出版社，2016.

30. 安妮·O. 克格鲁. 作为国际组织的 WTO［M］. 黄理平，彭利平，刘军，等译. 上海：上海人民出版社，2002.

31. 本杰明·卡多佐. 司法过程的性质［M］. 苏立，译. 北京：商务印书馆，1998.

32. 布瑞恩·麦克唐纳. 世界贸易体制——从乌拉圭回合谈起［M］. 叶兴国，译. 上海人民出版社，2002.

33. E·博登海默. 法理学——法律哲学与法律方法［M］. 邓正来，译. 北京：中国政法大学出版社，1999.

34. 贺小勇. 国际贸易争端解决与中国对策研究——以 WTO 为视角［M］. 北京：法律出版社，2006.

35. 邵沙平. 国际法［M］. 3 版. 北京：中国人民大学出版社，2015.

36. 约翰·H. 杰克逊. 国家主权与WTO变化中的国际法基础［M］. 赵龙跃，左海聪，盛建明，译. 北京：社会科学文献出版社，2009.

37. 约瑟夫·A.凯米莱里,吉米·福尔克. 主权的终结?——日趋"缩小"和"碎片化的世界政治"[M]. 李东燕,译. 杭州:浙江人民出版社,2001.

38. 戴维·赫尔德. 民主的模式[M]. 燕继荣,等译. 北京:中央编译出版社,1998.

39. 黄东黎. 世界贸易组织法[M]. 北京:社会科学文献出版社,2009.

40. 莫诺·卡佩莱蒂. 比较法视野中的司法程序[M]. 徐昕,王奕,译. 北京:清华大学出版社,2005.

41. 陈欣. WTO争端解决中的法律解释[M]. 北京:北京大学出版社,2010.

42. 蒋红珍. 论比例原则——政府规制工具选择的司法评价[M]. 北京:法律出版社,2010.

43. 韩秀丽. 论WTO法中的比例原则[M]. 厦门:厦门大学出版社,2007.

44. 刘敬东. WTO法律制度中的善意原则[M]. 北京:社会科学文献出版社,2009.

45. 戴维·帕尔米特,佩特罗斯·C.马弗鲁第斯. WTO中的争端解决:实践与程序[M]. 2版. 罗培新,李春林,译. 北京:北京大学出版社,2005.

46. 世界贸易组织秘书处. 贸易走向未来:世界贸易组织(WTO)概要[M]. 张江波,索必成,译. 北京:法律出版社,1999.

47. 约翰·H.杰克逊. 世界贸易体制:国际经济关系的法律与政策[M]. 张乃根,译. 上海:复旦大学出版社,2001.

48. R.詹宁斯,A.瓦茨修订. 奥本海国际法(第一卷,第二分册)[M]. 王铁崖,等译. 北京:中国大百科全书出版社,1998.

二、中文类论文

49. 李本. CPTPP 国有企业规则例外条款：解构与建构［J］. 上海对外经贸大学学报，2023，30（3）：5-18.

50. 杜玉琼，黄子淋. 竞争中立国际规则的路径分歧与中国合作选择［J］. 社会科学研究，2023，264（1）：112-122.

51. 刘雪红. "国企条款"的历史演绎与法理逻辑［J］. 法学，2023，495（2）：165-179.

52. 李轩. WTO 改革背景下美式国有企业透明度规则的"竞争中立"价值分析［C］//上海对外经贸大学.《上海法学研究》集刊 2023 年第 3 卷——上海对外经贸大学"国际法学"学术论坛文集.

53. 王小琼，肖勇. CPTPP 国有企业和指定垄断规则适用范围研究［J］. 太原学院学报（社会科学版），2023，24（1）：42-50.

54. 张鹏文. 中国加入 CPTPP 的国有企业规则障碍与破解思路［C］//上海对外经贸大学.《上海法学研究》集刊 2022 年第 3 卷——上海对外经贸大学"国际法学"学术论坛文集.

55. 张军旗，田书凡. CPTPP 国有企业规则与深化国有企业改革［J］. 西部论坛，2023，33（4）：61-76.

56. 张金矜.《中欧全面投资协定》国有企业规则述评［J］. 国际经济法学刊，2022（4）：63-79.

57. 刘敬东. CPTPP 语境下国有企业新规则：背景、特点及其应对［J］. 学术论坛，2022（5）：33-43.

58. 毕莹. 国有企业规则的国际造法走向及中国因应［J］. 法商研究，2022，39（3）：171-186.

59. 应品广. 美式国有企业规则的推行路径与逻辑谬误——基于与澳式规则的比较分析［J］. 国际商务研究，2021，42（5）：57-70.

60. 陈瑶. 质疑与反思：区域贸易协定中的国有企业定义［J］. 上海商学院学报，2021，22（2）：110-120. DOI：10.

61. 张斌. 国有企业商业考虑原则：规则演变与实践［J］. 上海对外经贸大学学报，2020，27（4）：21-29.

62. 秦佳萌，李红. CPTPP 国有企业规则介绍与评析［J］. 国际工程与劳务，2021（5）：36-39.

63. 韩立余. 国际法视野下的中国国有企业改革［J］. 中国法学，2019（6）：161-183.

64. 李本. 我国国企制度对接 CPTPP 非商业援助规则的挑战与突破［J］. 江淮论坛，2022（6）：97-106.

65. 任宏达. CPTPP 非商业援助条款解析思辨及中国的应对［J］. 国际法研究，2023（2）：78-98.

66. 李万强，刘静. 特惠贸易协定中的国有企业规则的发展与中国应对［J］. 法治论坛，2021（4）：22-40.

67. 李玉梅，张梦莎. 国有企业国际规则比较与中国应对［J］. 国际贸易，2021（8）：13-19.

68. 沈伟. 国际经济活动中的国有企业身份困境——国际规则的分析［J］. 华侨大学学报（哲学社会科学版），2021（4）：103-118.

69. 丁倩. USMCA 国有企业规则研究——兼论中国的法律对策［D］. 上海：华东政法大学，2021.

70. 韩立余. 适应国际法规则的中国国有企业改革［J］. 现代国企研究，2020（Z1）：100-103.

71. 张耀誉. "竞争中性" 视角下欧美国有企业补贴国际规则研究［D］. 重庆：西南政法大学，2019.

72. 王煜佳. 国有企业特殊补贴规则法律问题及其应对研究［D］. 北京：对外经济贸易大学，2019.

73. 李思奇，金铭. 美式国有企业规则分析及启示——以 NAFTA、TPP、USMCA 为例［J］. 国际贸易，2019（8）：88-96.

74. 王云. CPTPP 国有企业规则的新发展及我国的应对［D］. 武汉：中南财经政法大学，2019.

75. 王昕. TPP/CPTPP 国有企业规则对中国的影响及对策研究［D］. 昆明：昆明理工大学，2019.

76. 刘雪红. 国有企业的商业化塑造——由欧美新区域贸易协定竞争中立规则引发的思考［J］. 法商研究，2019，36（2）：170-181.

77. 何剑波. 全球多边贸易格局重塑背景下国有企业补贴规则研究——以"竞争中性"原则为视角［J］. 南海法学，2018，2（6）：73-83.

78. 王秋雯. 国有企业规则在区域贸易谈判平台中的新发展与中国对策［J］. 国际贸易，2018（6）：61-66.

79. 丁瀚塬. 竞争中立规则对我国国有企业改革的启示［D］. 泉州：华侨大学，2018.

80. 陈汉，彭岳. TPP 关于国有企业的规则研究［J］. 北京化工大学学报（社会科学版），2018（1）：58-64.

81. 张丽萍. TPP 协议和 WTO 有关国有企业规定之比较［J］. 国际商务研究，2017，38（5）：27-34，74.

82. 马凌远. TPP 应对视角下中国（河南）自由贸易试验区建设研究［J］. 南都学坛（人文社会科学学报），2018，38（3）：118-124.

83. 余烨. TPP 国有企业的定义对中国国企分类改革的启示［J］. 长安大学学报（社会科学版），2017，19（4）：86-94.

84. 许培源，刘雅芳. TPP 投资规则与我国 FTA 投资规则的差异及其影响分析［J］. 国际经贸探索，2017，33（12）：86-100.

85. 钟立国. 从 NAFTA 到 TPP：自由贸易协定竞争政策议题的晚近发展及其对中国的启示［J］. 武大国际法评论，2017，20（6）：98-114.

86. 陈新开. 国企"竞争中立性"规则问题研究——基于澳大利亚融通 TPP 框架的经验与启示 [J]. 商业经济研究, 2016 (22): 107-111.

87. 李仲周. TPP 搁浅不会阻止贸易自由化 [J]. WTO 经济导刊, 2016 (12): 76.

88. 徐昕. 国有企业国际规则的新发展——内容评述、影响预判、对策研究 [J]. 上海对外经贸大学学报, 2017, 24 (1): 14-26.

89. 傅宏宇, 张秀. "一带一路"国家国有企业法律制度的国际构建与完善 [J]. 国际论坛, 2017, 19 (1): 48-53, 80.

90. 王晨竹. TPP 竞争政策局限性与中国的战略突破 [J]. 价格理论与实践, 2016 (10): 58-61.

91. 叶波.《区域全面经济伙伴关系协定》介评及其应对 [J]. 上海对外经贸大学学报, 2017, 24 (2): 16-25.

92. 姚淑梅. 后 TPP 时代国有企业和指定垄断规则对我国的影响和对策建议 [J]. 中国经贸导刊, 2017 (12): 49-53.

93. 杨国华.《跨太平洋伙伴关系协定》文本研究 [J]. 国际商务研究, 2017, 38 (6): 16-25.

94. 唐宜红, 姚曦. 混合所有制与竞争中立规则——TPP 对我国国有企业改革的挑战与启示 [J]. 人民论坛·学术前沿, 2015 (23): 61-73.

95. 王廖莎. TPP 协定对中越经贸合作的影响与思考 [J]. 广西经济管理干部学院学报, 2015, 27 (4): 1-6.

96. 郝洁. TPP 协定中的高门槛 [J]. 国际贸易, 2015 (12): 43-47.

97. 唐宜红, 姚曦. 竞争中立: 国际市场新规则 [J]. 国际贸易, 2013 (3): 54-59.

98. 应品广. 全球经济治理中的竞争中立规则: 挑战与对策 [J]. 中国价格监管与反垄断, 2016 (1): 19-22.

99. 韩立余. TPP 国有企业规则及其影响 [J]. 国家行政学院学报, 2016

(1): 83-87.

100. 倪月菊. TPP 与国际服务贸易新规则及中国的应对策略 [J]. 深圳大学学报（人文社会科学版），2016，33（1）：86-92.

101. 苑全玺，于永达. 美国 TPP 的战略意图窥探及中国的应对策略研究 [J]. 经济论坛，2016（3）：131-136.

102. 李大伟. TPP 非传统议题对我国的影响及对策 [J]. 国际贸易，2016（2）：42-47.

103. 熊晓梅. 跨太平洋伙伴关系协议（TPP）规则演进与发展中的美国因素 [J]. 黑河学院学报，2016，7（2）：47-50.

104. 伊馨. TPP 规则对中国服务贸易自由化的挑战 [J]. 长春师范大学学报，2016，35（5）：66-69.

105. 刘志中. 国际经贸规则重构与中国话语权的提升 [J]. 现代经济探讨，2016（5）：84-88.

106. 马其家，樊富强. TPP 对中国国有企业监管制度的挑战及中国法律调整——以国际竞争中立立法借鉴为视角 [J]. 国际贸易问题，2016（5）：59-70.

107. 伍穗龙. 美国对受政府控制投资者国际规制的态度演变——兼论其近年来的规则和逻辑 [J]. 中国流通经济，2016，30（7）：42-48.

108. 田丰. 国有企业相关国际规则：调整、影响与应对 [J]. 国际经济合作，2016（5）：4-11.

109. 胡加祥. TPP 规则研究 [J]. 上海对外经贸大学学报，2016，23（4）：5-22.

110. 金丹. TPP 对越南产业和企业影响探析 [J]. 学术探索，2016（8）：44-49.

111. 林桂军，任靓. TPP 协定的特征与新规则 [J]. 国际商务（对外经济贸易大学学报），2016（4）：5-15.

112. 刘瑛. 《跨太平洋伙伴关系协定》国有企业章节的中国应对［J］. 东方法学, 2016（5）: 55-62.

113. 宋晓燕, 廖凡, 伏军, 等. 关于 TPP 中若干议题的讨论［J］. 暨南学报（哲学社会科学版）, 2016, 38（9）: 1-6.

114. 孔庆峰. TPP 中的发展中国家——对其加入动机和潜在利弊的考察［J］. 山东师范大学学报（人文社会科学版）, 2016, 61（4）: 118-129.

115. 金丹. 越南加入 TPP 的政治经济分析及对中国的影响［J］. 理论月刊, 2016（10）: 176-181.

116. 韩立余. TPP 协定的规则体系: 议题与结构分析［J］. 求索, 2016（9）: 4-13.

117. 孙燕芬, 王惠茹. "竞争中立"规则对中国的影响探究［J］. 长春理工大学学报（社会科学版）, 2016, 29（5）: 45-51.

118. 刘文革, 谢杰, 孙瑾. 新常态背景下的地缘政治经济学研究——首届地缘政治经济学论坛综述［J］. 经济研究, 2016, 51（1）: 182-186.

119. 刘晨阳, 杨立娜. 中国参与国际贸易治理的区域与多边策略统筹——基于 TPP 与 WTO 差异化的视角［J］. 南开学报（哲学社会科学版）, 2016（6）: 131-138.

120. 周艳, 李伍荣. 《服务贸易协定》国有企业规则及其启示［J］. 国际贸易, 2016（10）: 54-58.

121. 顾敏康, 孟琪. TPP 国企条款对我国国企的影响及对策［J］. 中国政法大学学报, 2014（6）: 145-156.

122. 东艳, 张琳. 美国区域贸易投资协定框架下的竞争中立原则分析［J］. 当代亚太, 2014（6）: 117-131, 158-159.

123. 屠新泉, 徐林鹏, 杨幸幸. 国有企业相关国际规则的新发展及中国

对策 [J]. 亚太经济, 2015 (2): 45-49.

124. 应品广. 中国需要什么样的竞争中立 (上) ——不同立场之比较及启示 [J]. 中国价格监管与反垄断, 2015 (2): 20-25.

125. 应品广. 竞争中立条款与国企改革 [J]. WTO 经济导刊, 2015 (3): 85-87.

126. 张琳, 东艳. 主要发达经济体推进"竞争中立"原则的实践与比较 [J]. 世界贸易组织动态与研究: 上海对外经贸大学学报, 2015, 22 (4): 26-36.

127. 潘晓明. TPP 高标准国际贸易规则对中国的挑战及应对策略 [J]. 国际展望, 2015, 7 (5): 96-111, 149.

128. 王璐瑶, 葛顺奇. TPP 透视: "国有企业和指定垄断"议题分析 [J]. 国际经济合作, 2015 (11): 12-14.

129. 李晓玉. "竞争中立"规则的新发展及对中国的影响 [J]. 国际问题研究, 2014 (2): 129-137.

130. 毛志远. 美国 TPP 国企条款提案对投资国民待遇的减损 [J]. 国际经贸探索, 2014, 30 (1): 92-100.

131. 沈铭辉. 美国双边投资协定与 TPP 投资条款的比较分析——兼论对中美 BIT 谈判的借鉴 [J]. 国际经济合作, 2014 (3): 21-25.

132. 叶波, 梁咏. 《跨太平洋伙伴关系协定》新进展 [J]. WTO 经济导刊, 2014 (7): 90-92.

133. 徐昕. TPP 国有企业规则对我国的影响及其应对 [J]. 理论探索, 2014 (5): 125-128.

134. 郭增栋, 李淑俊. 跨太平洋伙伴关系协议与美国贸易保护的新路径 [J]. 山东师范大学学报 (人文社会科学版), 2014, 59 (5): 98-111.

135. 黄志瑾. 国际造法过程中的竞争中立规则——兼论中国的对策 [J].

国际商务研究, 2013, 34（3）: 54-63.

136. 周艳, 李伍荣.《服务贸易协定》国有企业规则及其启示［J］. 国际贸易, 2016（10）: 54-58.

137. 包晋. TPP 谈判中的竞争中立议题［J］. 武大国际法评论, 2014, 17（1）: 85-108.

138. 包晋. TPP 中的竞争中立议题: 反对意见及可能的解决方案［J］. 武大国际法评论, 2015, 18（1）: 206-231.

139. 漆彤, 窦云蔚. 论《跨太平洋伙伴关系协定》国有企业透明度规则［J］. 武大国际法评论, 2016, 19（2）: 154-172.

140. 蔡鹏鸿. TPP 横向议题与下一代贸易规则及其对中国的影响［J］. 世界经济研究, 2013（7）: 41-45, 51, 88.

141. 余楠. 新区域主义视角下的《跨太平洋伙伴关系协定》——国际贸易规则与秩序的动态演变及中国之应对［J］. 法商研究, 2016, 33（1）: 129-138.

142. 杨挺, 郭明英, 田云华. TPP 的特点及其对 WTO 的挑战［J］. 国际经济合作, 2016（6）: 30-35.

143. 毛真真. 国有企业补贴国际规则对比研究——从传统补贴规则到非商业支持规则［J］. 河北法学, 2017, 35（5）: 154-163.

144. 史际春, 罗伟恒. 论"竞争中立"［J］. 经贸法律评论, 2019（3）: 101-119.

145. 张建平. 中国与 TPP 的距离有多远?［J］. 国际经济评论, 2016（2）: 71-86.

146. 赵小平. 主权财富基金开展对外投资所面临的外部投资环境和中国的对策［J］. 财贸经济, 2009（6）: 17-22.

147. 陈力. 美国贸易救济法之非市场经济规则的理论起源［J］. 复旦学报（社会科学版）, 2008（4）: 105-110.

148. 杨泽伟. 国际秩序与国家主权关系探析［J］. 法律科学. 西北政法大学学报，2004（6）：80-86.

149. 李彤星. CPTPP 国有企业规则下我国国企改革的挑战与应对［D］. 南京：南京财经大学，2023.

150. 张继瑶. CPTPP 国有企业规则研究［D］. 大连：大连海事大学，2023.

151. 林泽玲. CPTPP 国有企业规则与我国的因应对策研究［D］. 广州：广东财经大学，2023.

152. 陈瑶. 国际贸易协定对国有企业的规制研究［D］. 上海：华东政法大学，2022.

153. 黄萍. 经济全球化背景下国家主权原则研究［D］. 大连：大连海事大学，2010.

154. 张榕. 司法克制下的司法能动［J］. 现代法学，2008（2）：179-185.

155. 龚婧. TPP 与 TTIP：动因、影响及中国的应对［D］. 武汉：武汉大学，2016.

156. 包晋. 国际经济协定中的竞争中立议题［D］. 厦门：厦门大学，2015.

157. 石奇迹. 国际投资中的竞争中立规则研究［D］. 上海：复旦大学，2016.

158. 王瑞. 美国式国际投资协定中的国有企业相关条款研究［D］. 北京：中国政法大学，2013.

159. 刘蔚. 美国双边投资条约新范本中的国有企业条款研究［D］. 北京：中国政法大学，2013.

160. 白金亚. 国有企业竞争中立制度中国化研究［D］. 上海：上海师范大学，2017.

161. 钟威. 论TPP协议竞争政策规则及其对中国的启示[D]. 广州：广东财经大学，2017.

162. 许俊鑫. 论中日韩自由贸易协定竞争政策的构建[D]. 广州：广东财经大学，2016.

163. 朱丽佳. TPP国有企业规则分析[D]. 苏州：苏州大学，2017.

164. 王柏茹. 国际经贸规则重构对国有企业的影响及我国应对[D]. 长春：吉林大学，2017.

165. 刘力瑜. 竞争中立视野下的国有企业竞争规则[D]. 长春：吉林大学，2017.

166. 孙燕芬. 关于竞争中立规则的中外发展与启示[D]. 长春：吉林大学，2017.

167. 沈冰雪. TPP国有企业规则对我国的影响及法律对策研究[D]. 大连：大连海事大学，2017.

168. 梁月. 论TPP国有企业条款与中国国有企业改革[D]. 长春：吉林大学，2017.

169. 曹利娜. 竞争中立规则对我国国有企业对外贸易投资影响分析[D]. 天津：天津财经大学，2016.

170. 刘灿. 美国FTA中的竞争中立研究[D]. 重庆：西南政法大学，2016.

171. 李亚楠. TPP国有企业竞争中立规则研究[D]. 沈阳：辽宁大学，2016.

172. 杨安琪. 跨太平洋伙伴关系协定（TPP）重点议题及中国的应对研究[D]. 昆明：昆明理工大学，2016.

173. 罗世群. 自由贸易协定中的"竞争中立"条款研究[D]. 泉州：华侨大学，2016.

174. 耿晨. 2012美国BIT范本中竞争中立原则对我国国有企业的影响及

应对之策［D］．石家庄：河北经贸大学，2016．

175. 杜敏．国际贸易"竞争中立"法律制度研究［D］．重庆：西南财经大学，2016．

176. 刘晓沄．TPP国有企业条款对中国国有投资者境外投资的影响［D］．北京：中国青年政治学院，2016．

177. 唐木．"竞争中立"原则的发展及中国的应对研究［D］．上海：华东政法大学，2016．

178. 邹蕾．澳大利亚竞争中立规则研究［D］．长沙：湖南师范大学，2016．

179. 张萍．竞争中立规则对我国国有企业改革的影响及对策研究［D］．贵阳：贵州师范大学，2016．

180. 张竞文．论竞争中立原则对我国国有企业海外并购的影响［D］．青岛：山东大学，2016．

181. 彭莎莎．TPP对中国出口贸易的影响研究［D］．湘潭：湘潭大学，2015．

182. 熊轩昱．比较法视野下的竞争中立规则［D］．上海：华东政法大学，2014．

183. 葛睿思（Christopher H. Scott）．TPP与中越法律制度改革问题研究［D］．南京：南京大学，2015．

184. 计飞．TPP的发展对中国的影响和应对［D］．武汉：华中师范大学，2014．

185. 应品广．竞争中立与国有企业改革：最新进展与中国应对［A］．上海市社会科学界联合会．全面深化改革与现代国家治理——上海市社会科学界联合会第十二届学术年会论文集［C］．上海市社会科学界联合会，2014：43．

186. 徐昕．TPP国企条款内容评述、影响预判和对策建议［A］．上海市社会科学界联合会. 治国理政：新理念·新思想·新战略——上海市社会科学界第十四届学术年会文集（2016年度）[C]. 上海市社会科学界联合会，2016：17.

187. 贾根良. 加入TPP与我国转变经济发展方式的战略方针背道而驰［A］//外国经济学说与中国研究报告（2014）[M]. 北京：社会科学文献出版社，2014.

188. 武长海. TPP国有企业条款对中国带来挑战［N］. 中国贸易报，2016-07-05（004）.

189. 张斌. TPP谈判剑指国企——国资委研究对策［N］. 经济观察报，2014-01-13（002）.

190. 何芬兰. 贸投规则重构下的中国选择［N］. 国际商报，2017-03-29（A07）.

191. 文宗瑜. 深化国企改革 应对TPP替代协议影响［N］. 中国财经报，2017-09-12（007）.

192. 文宗瑜. 国有企业混合所有制改革已刻不容缓［N］. 证券日报，2015-12-05（A03）.

193. 段树军. 应对TPP协议国企条款挑战［N］. 中国经济时报，2016-06-22（001）.

194. 项安波. 借鉴竞争中立原则应对TPP国企条款挑战［N］. 中国经济时报，2016-06-22（005）.

195. 许鑫. 我们或将面对一个更加碎片化的世界［N］. 上海证券报，2016-09-28（008）.

196. 杨静. 竞争中立规则：国企"走出去"面临的挑战［N］. 光明日报，2015-04-19（007）.

197. 王琳. TPP"国企条款"意在制约中国？［N］. 第一财经日报，2015-10-08（A03）.

三、外文类著作

198. Wu Yingying, Reforming WTO Rules on State-Owned Enterprises [M]. Berlin: springer, 2019.

199. Julien Chaisse, Henry Gao, Chang-fa Lo. Paradigm Shift in International Economic Law Rule-Making: TPP as a New Model for Trade Agreements [M]. Singapore city: Springer Nature Singapore Pte Ltd., 2017.

200. C. L. Lim, Deborah Kay Elms, Patrick Low. The Trans-Pacific Partnership: A Quest for a Twenty-first Century Trade Agreement [M]. Cambridge: Cambridge University Press, 2012.

201. Amitendu Palit, The Trans-Pacific Partnership. China and India: Economic and Political Implications [M]. London: Routledge, 2014.

202. OECD. Competitive Neutrality: maintaining a level playing field between public and private business [M]. Paris: OECD Publishing, 2012.

203. OECD. OECD Guidelines on Corporate Governance of State-owned Enterprises [M]. Paris: OECD Publishing, 2005.

204. Deborah Healey. Competitive Neutrality and Its Application in Selected Developing Countries. UNTAD Research Partnership Platform Publication Series, 2014.

205. Przemyslaw Kowalski, et al.. State-owned Enterprises: Trade Effects and Policy Implications [M]. OECD Publishing, 2013.

206. Matthew Rennie, Fiona Lindsay. Competition neutrality and State-Owned Enterprises in Australia: Review of Practices and their Relevance for Other Countries [M]. OECD Publishing, 2011.

207. Eggers, William D. Competitive neutrality: ensuring a level playing field in managed competitions [M]. Reason Public Policy Institute, 1998.

208. John H. Jackson. The Jurisprudence of GATT and the WTO: Insights on Treaty Law and Economic Relations [M]. Cambridge: Cambridge University Press, 2000.

209. John H. Jackson. the World Trade Organization: Constitution and Jurisprudence [M]. London: Royal Institute of International Affair, 1998.

210. John H. Jackson. The World Trading System: Law and Policy of International Economic Relations [M]. 2nd edition. Cambridge: The MIT Press, 1997.

211. John H. Jackson. Sovereignty, Subsidiarity, and Separation of Powers: the High-Wire Balancing Act of Globalization', in Daniel L. M. Kennedy and James D. Southwick (eds.) [M] //The Political Economy of International Trade Law, Essays in Honor of Robert E. Hudec. Cambridge: Cambridge University Press, 2002.

212. Rupert Cross, J. W. Harris. Precedent in English Law [M]. 4th edition. Oxford: Clarendon Press, 1991.

213. John H. Jackson, Sovereignty. the WTO and Changing Fundamentals of Intrernational Law [M]. Cambridge: Cambridge University Press, 2006.

214. Rambod Behboodi. Industrial Subsidies and Frictions in World Trade: Trade Policy or Trade Politics [M]. London: Routledge, 1994.

215. Roland Weinrauch. Competition Law in the WTO: The Rationale for a Framework Agreement [M]. Frankfurt: Neuer Wissenschaftlicher Verlag, 2004.

216. Simon Lester and Bryan Mercurio. Bilateral and Regional Trade Agreements [M]. Cambridge: Cambridge University Press, 2009.

217. Theodore H. Cohn. The World Trade Organization and Global Governance [M]. Berlin: Springer, 2007.

四、外文类论文

218. Jaemin Lee. Trade Agreements' New Frontier-Regulation of State-Owned Enterprises and Outstanding Systemic Challenges [J]. Asian Journal of WTO and International Health Law and Policy, 2019, Vol. 14, No. 1, pp. 33-72.

219. Andrew Lang. Heterodox Markets and 'Market Distortions' in the Global Trading System [J]. Journal of International Economic Law, Vol. 22, 2019.

220. Adlung Rudolf, Mamdouh Hamid. Plurilateral Trade Agreements: An Escape Route for the WTO [J]. Journal of World Trade, Vol. 52, Issue 1 (February 2018), pp. 85-112.

221. William E. Kovacic. Competition Policy and State-Owned Enterprises in China [J]. World Trade Review, vol. 16, no. 4, December 2017.

222. Fleury, Julien Sylvestre and Marcoux, Jean-Michel. The US Shaping of State [J]. Journal of International Economic Law, vol. 19, 2016.

223. Owned Enterprise Disciplines in the Trans-Pacific Partnership [J]. Journal of International Economic Law, Vol. 19, 2016.

224. Gary Clyde Hufbauer and Cathleen Cimino-Isaacs. How will TPP and TTIP Change the WTO System [J]. Journal of International Economic Law, Vol. 18, 2015.

225. Gary Horlick and Peggy A. Clarke. Rethinking Subsidy Disciplines for the Future: Policy Options for Reform [J]. Journal of International Economic Law, Vol. 20, 2017.

226. Gregory Messenger. The Public-Private Distinction at the World Trade Organization: Fundamental Challenges to Determining the Meaning of 'Public Body' [J]. International Journal of Constitutional Law, Vol.

15, 2017.

227. Harold J. Krent. The Private Performing the Public: Delimiting Delegations to Private Parties [J]. University of Miami Law Review, Vol. 65, 2011.

228. Ines Willemyns. Disciplines on State-Owned Enterprises in International Economic Law: Are We Moving in the Right Direction [J]. Journal of International Economic Law, Vol. 19, 2016.

229. Voon Tania, Sheargold Elizabeth. The Trans-Pacific Partnership [J]. British Journal of American Legal Studies, Vol. 5, Issue 2 (2016), pp. 341-370.

230. Du Ming. Explaining China's Tripartite Strategy toward the Trans-Pacific Partnership Agreement [J]. Journal of International Economic Law, Vol. 18, Issue 2 (June 2015), pp. 407-432.

231. Specht, Steven K. Dispute Resolution in the Trans-Pacific Partnership: Pillar or Pitfall [J]. Journal of Transnational Law & Policy, 2016, 26: 159.

232. Lewis, Meredith Kolsky. The Trans-Pacific Partnership: New Paradigm of Wolf in Sheep's Clothing [J]. Boston College International and Comparative Law Review, Vol. 34, Issue 1 (Winter 2011), pp. 27-52.

233. Elms, Deborah Kay. The Trans-Pacific Partnership Trade Negotiations: Some Outstanding Issues for the Final Stretch [J]. Asian Journal of WTO and International Health Law and Policy, Vol. 8, Issue 2 (September 2013), pp. 379-400.

234. Lewis, Meredith Kolsky. Expanding the P-4 Trade Agreement into a Broader Trans-Pacific Partnership: Implications, Risks and Opportunities [J]. Asian Journal of WTO & International Health Law and Policy,

Vol. 4, Issue 2 (September 2009), pp. 401-422.

235. Chow, Daniel C. K. How the United States Uses the Trans-Pacific Partnership to Contain China in International Trade [J]. Chicago Journal of International Law, Vol. 17, Issue 2 (Winter 2017), pp. 370-402.

236. Fleury, Julien Sylvestre; Marcoux, Jean–Michel. The US Shaping of State–Owned Enterprise Disciplines in the Trans–Pacific Partnership [J]. Journal of International Economic Law, Vol. 19, Issue 2 (June 2016), pp. 445-466.

237. Broude Tomer, Haftel Yoram Z.; Thompson, Alexander. The Trans-Pacific Partnership and Regulatory Space: A Comparison of Treaty Texts [J]. Journal of International Economic Law, Vol. 20, Issue 2 (June 2017), pp. 391-418.

238. Elmas, Deborah. Trans-Pacific Partnership: The Challenges of Unraveling the Noodle Bowl [J]. International Negotiation, Vol. 18, Issue 1 (2013), pp. 25-48.

239. Backer, Larry Cata. The Trans–Pacific Partnership: Japan, China, the U.S., and the Emerging Shape of a New World Trade Regulatory Order [J]. Washington University Global Studies Law Review, Vol. 13, Issue 1 (2014), pp. 49-82.

240. Nakagawa, Junji. TPP-11 as a Means to Revive the TPP after U.S.' Withdrawal [J]. Asian Journal of WTO and International Health Law and Policy, Vol. 12, Issue 2 (September 2017), pp. 405-420.

241. Hufbauer, Gary Clyde; Cimino–Issacs, Cathleen. How will TPP and TTIP Change the WTO System [J]. Journal of International Economic Law, Vol. 18, Issue 3 (September 2015), pp. 679-696.

242. Lewis, Meredith Kolsky. The TPP and the RCEP (ASEAN6) as Poten-

tial Paths toward Deeper Asian Economic Integration [J]. Asian Journal of WTO and International Health Law and Policy, Vol. 8, Issue 2 (September 2013), pp. 359-378.

243. Bhala Raj. Exposing the Forgotten TPP Chapter: Chapter 17 as a Model for Future International Trade Disciplines on SOEs [J]. Manchester Journal of International Economic Law, Vol. 14, Issue 1 (April 2017), pp. 2-49.

244. Philip I. Levy. The Treatment of Chinese SOEs in China's WTO Protocol of Accession [J]. World Trade Review (2017), 16: 4, 635-653.

245. Ronald Labonte. The TPP Is Dead, Long Live the TPP? A Response to Recent Commentaries [J]. Int J Health Policy Management, 2017, 6 (4), 245-247.

246. Raj Bhala. TPP, American National Security and Chinese SOEs [J]. World Trade Review, 2017, 16 (4), 655-671.

247. Mastromatteo, Andrea. WTO and SOEs: Article XVII and Related Provisions of the GATT 1994 [J]. World Trade Review, 2017, 16 (4), 601-618.

248. Julia Ya Qin. WTO Regulation of Subsidies to State-Owned Enterprises (SOEs) -A Critical Appraisal of the China Accession Protocol [J]. 7 J. Int'l Econ. L. 863 (2004).

249. Mikyung Yun. An Analysis of the New Trade Regime for State-Owned Enterprises Under the Trans-Pacific Partnership Agreement [J]. Journal of East Asian Economic Integration, 2016, 20 (1): 3-35.

250. Willemyns Ines. Disciplines on State-Owned Enterprises in TPP: Have Expectations Been Met [J]. Social Science Research, 2016.

251. Ines Willemyns. Disciplines on state-owned enterprises in international e-

conomic law: are we moving in the right direction [J]. Journal of International Economic Law, 2016, 19, 657-680.

252. Chen C. Solving the Puzzle of Corporate Governance of State-Owned Enterprises: The Path of the Temasek Model in Singapore and Lessons for China [J]. Northwestern Journal of International Law & Business, 2016, 36 (2).

253. Bowman, Megan, Gilligan. China's SOEs test the waters in the South China Sea [J]. East Asia Forum Quarterly, 2014.

254. Chintu, Namukale, Peter J. Williamson. Chinese state-owned enterprises in Africa: Myths and realities. [J]. The Daily Sabbatical/Ivey Business School 2 (2013): 2.

255. Ivey Business Journal, March/April; Drysdale, Peter. Chinses state-owned enterprise investment in Australia [J]. East Asia Forum Quarterly, 2015.

256. Hubbard Paul, Williams Patrick. Chinese SOEs: some are more equal than others [J]. East Asia Forum Quarterly, 2014.

257. Sauvant, Karl. Chinese investment: new kid on the blocking learning the rules [J]. East Asia Forum Quarterly, 2012.

258. Stakeholders Urge USTR to Make Changes to SOE Proposal in TPP Talks [J]. Inside U.S. Trade, September 29, 2011.

259. Caporal Jack. U.S. Seeks NAFTA State-Owned Enterprise Provisions that Go Beyond TPP's [J]. Inside US Trade, 2017.

260. TTIP Leak: U.S. Seeks to Expand TPP State-Owned Enterprise Definition [J]. Inside US Trade, 2016.

261. TPP SOE Principles would Prevent Exceptions for Future Entities: Sources [J]. Inside US Trade, 2014.

262. Hancock Ben. Reach of TPP's SOE Disciplines Limited by Definition, Scope, Exceptions [J]. Inside US Trade, 2015.

263. TPP SOE Talks Move Forward with Tabling of Consolidated Text [J]. Inside US Trade, 2013.

264. Fortnam Brett. language in NAFTA Draft Notice Similar to TPP Text on Investment, IP, SOE [J]. Inside US Trade, 2017.

265. Andrea Mastromatteo, WTO and SOEs. Article XVII and Related Provisions of GATT 1947 [J]. World Trade Review, Vol. 16, 2017.

266. Andrei Shleifer. State versus Private Ownership [J]. Journal of Economic Perspectives, Vol. 12, 1998.

五、外文网络资料

267. The Trans-Pacific Partnership Agreement: Challenges and Potential, U.S. Government Printing Office [EB/OL]. [2018-07-19]. http://www.foreignaffairs.house.gov/ or http://www.gpo.gov/fdsys/.

268. The Trans-Pacific Partnership: Prospects for Greater U.S. Trade, U.S. Government Printing Office [EB/OL]. [2018-07-19]. http://www.foreignaffairs.house.gov/ or http://www.gpo.gov/fdsys/.

269. Ian F. Fergusson, The Trans-Pacific Partnership (TPP): Negotiations and Issues for Congress [EB/OL]. [2018-07-19]. http://digitalcommons.ilr.cornell.edu/key_workplace.

270. Jane Kelsey. Analysis of Leaked TPPA Paper for Ministers' Guidance on SOEs [EB/OL]. [2018-07-19]. http://wikileaks.org/tpp-soe-minister/analysis/page-1.html.

271. Update on the Trans-Pacific Partnership Negotiations [EB/OL]. [2018-07-19]. https://ustr.gov/about-us/policy-offices/press-office/reports-

and-publications/2015/update-trans-pacific-partnership.

272. Kowalski, P. et al.. State-Owned Enterprises: Trade Effects and Policy Implications", OECD Trade Policy Papers, No. 147, OECD Publishing, Paris [EB/OL]. [2018-07-19]. http://dx.doi.org/10.1787/5k4869ckqk7l-en.

273. Barack Obama. The TPP Would Let America, not China, Lead the Way on Global Trade. WASHINGTON POST (May 2, 2016) [EB/OL]. [2018-07-19]. https://perma.cc/YW32-TQUT.

274. OECD. The Interface between Competition and Consumer Policies 17 [EB/OL]. [2018-07-19]. http://www.oecd.org/regreform/sectors/40898016.pdf.

附件

《全面与进步跨太平洋伙伴关系协定》
第 17 章中文版[*]

---

[*] 资料来源于商务部国际经贸司网站，http://gjs.mofcom.gov.cn/article/wj/ftar/202101/20210103030940.shtml，最后访问日期：2023 年 12 月 30 日。

附件 《全面与进步跨太平洋伙伴关系协定》第 17 章中文版

第 17 章

国有企业和指定垄断

第 17.1 条　定义

就本章而言：

安排：指在经济合作与发展组织（OECD）框架内制定的《官方支持出口信贷安排》，或在 OECD 框架内或框架外制定的、已经至少 12 个在 1979 年 1 月 1 日时属该安排参加方的 WTO 创始成员通过的后继承诺；

商业活动：指企业所从事的以营利①为导向的活动，通过此类活动所生产的货物或所提供的服务将按该企业确定的数量和价格在相关市场上向消费者进行销售；②

商业考虑：指价格、质量、可获性、适销性、运输及其他购买或销售的条款和条件，或相关行业或产业的私营企业在商业决策中通常考虑的其他因素；

---

① 为进一步明确，在非营利性基础上经营或收回成本基础上经营的一企业所从事的活动不属以营利为导向的活动。

② 为进一步明确，对相关市场普遍适用的措施不得解释为一缔约方对一企业的价格、生产或供应决策的确定。

指定：指建立、指定或授权垄断，或扩大垄断的范围以涵盖额外货物或服务；

指定垄断：指在本协定生效之日后指定的私营垄断者和缔约方指定或已经指定的任何政府垄断者；

政府垄断：指由缔约方或由另一政府垄断者拥有或通过所有者权益控制的垄断者；

独立养老基金：指由缔约方拥有或通过所有者权益控制的下列企业：

（a）专门从事下列活动：

（i）管理养老金、退休、社会保障、残疾、死亡或职工福利或其中的任何组合或为上述各项提供计划，目的仅为使属该计划出资人的自然人及其受益人获益；或

（ii）对这些计划的资产进行投资；

（b）对（a）款（i）项中所指的自然人负有受信责任；以及

（c）不受缔约方政府投资指示的限制；①

市场：指货物或服务的地理和商业市场；

垄断：指在缔约方领土内的任何相关市场中被指定为货物或服务唯一提供者或购买者的实体，包括联合体或政府机构，但不包括完全因授予一事本身而被授予专有知识产权的实体；

非商业援助[②]：指国有企业凭借其政府所有权或控制权而获得的援助，在此：

---

① 一缔约方政府的投资指示：（a）不包括与通常的投资惯例不相抵触的关于风险管理和资产配置的一般指导；及（b）不能仅通过企业董事会或投资委员会中包含政府官员加以证明。

② 为进一步明确，非商业援助不包括：（a）包括国有企业在内的企业集团内部交易，例如在集团母公司与子公司之间，或集团子公司之间，在正常商业惯例要求在报告集团财务状况时排除这些集团内部交易；（b）国有企业之间进行的与私营企业在公平交易中的惯例相一致的其他交易；或（c）一缔约方将自出资人处收取的用于养老金、退休、社会保障、残疾、死亡或职工福利计划或上述各项的任何组合的资金，代表出资人及其受益人转移至一独立的养老基金用于投资。

附件　《全面与进步跨太平洋伙伴关系协定》第 17 章中文版

（a）"援助"指：

（i）资金的直接转移或潜在的资金或债务的直接转移，例如：

（A）赠款或债务减免；

（B）条件优于该企业商业可获提的条件的贷款、贷款担保或其他种类的融资；或

（C）与私营投资者的投资惯例不一致的权益资本，包括提供风险资本的惯例；或

（ii）条件优于该企业商业可获得的条件的除一般基础设施外的货物或服务；

（b）"国有企业凭借其政府所有权或控制权"① 指该缔约方或该缔约方的任何国家企业或国有企业：

（i）明确将获得援助的权利限定为该缔约方的国有企业；

（ii）提供主要为该缔约方的国有企业使用的援助；

（iii）向该缔约方的国有企业提供不成比例的大量援助；或

（iv）在其他情况下，通过使用援助提供中的自由裁量权照顾该缔约方的国有企业；

公共服务授权：指国有企业直接或间接在其领土内向公众提供服务所根据的政府授权；②

主权财富基金：指由缔约方拥有或通过所有者权益控制的下列企业：

（a）仅作为使用缔约方的金融资产进行资产管理、投资及相关活动的

---

① 在确定给予的帮助是否属"国有企业凭借其政府所有权或控制权"时，应考虑在该缔约方领土内经济活动的多样化程度，以及非商业援助计划已经运营的时间长度。

② 为进一步明确，对公众的服务包括：
（a）货物分销；
（b）提供一般基础设施服务。

具有特殊目的的投资基金或安排①；及

（b）属主权财富基金国际论坛的成员或接受由主权财富基金国际工作组于2008年10月发布的《公认原则与实践》（圣地亚哥原则），或缔约方可能同意的其他此类原则和实践；

且包括该企业全资拥有的，或该缔约方全资拥有但由该企业管理的，仅为从事（a）项中所述活动而设立的任何特殊目的实体；以及

国有企业：指主要从事商业活动的企业且缔约方在该企业中：

（a）直接拥有50%以上股份资本；

（b）通过所有者权益控制50%以上投票权的行使；或

（c）拥有任命董事会或其他同等管理机构过半数成员的权力。

第17.2条 范围②

1. 本章应适用于缔约方的国有企业和指定垄断对本自由贸易区内缔约方之间贸易或投资产生影响的活动。③

2. 本章中任何内容不阻止缔约方的中央银行或货币主管机关开展监管或监督活动或执行货币和相关信贷政策及汇率政策。

3. 本章中任何内容不阻止缔约方的金融监管机构，包括非政府机构，例如证券或期货交易所或市场、清算机构，或其他组织或协会，对金融服务提供者行使监管或监督权。

4. 本章中任何内容不阻止缔约方或该缔约方国家企业或国有企业为

---

① 为进一步明确，缔约方理解作为"安排"一词作为"基金"的替代用词允许对资产可据以进行投资的法律安排作出灵活解释。

② 就本章而言，"金融服务提供者""金融机构"和"金融服务"等的术语与第11.1条（定义）中的含义相同。

③ 本章也适用于一缔约方的国有企业在一非缔约方市场造成如第17.7条（不利影响）中所规定的不利影响的活动。

解散破产中或已破产的金融机构，或破产中或已破产的主要从事金融服务提供的任何其他企业所开展的活动。

5. 本章不适用于缔约方的主权财富基金①，但下列情况除外：

（a）第17.6.1条和第17.6.3条（非商业援助）应适用于缔约方通过主权财富基金间接提供非商业援助的情况；及

（b）第17.6.2条（非商业援助）应适用于主权财富基金提供非商业援助的情况。

6. 本章不适用于：

（a）缔约方的独立养老基金；或

（b）缔约方的独立养老基金拥有或控制的企业，但下列情况除外：

（i）第17.6.1条和第17.6.3条（非商业援助）应适用于缔约方直接或间接向独立养老基金拥有或控制的企业提供非商业援助的情况；及

（ii）第17.6.1条和第17.6.3条（非商业援助）应适用于缔约方通过独立养老基金拥有或控制的企业间接提供非商业援助的情况。

7. 本章不得适用于政府采购。

8. 本章中任何内容不得阻止缔约方的国有企业为履行该缔约方政府职能专门向该缔约方提供货物或服务。

9. 本章中任何内容不得解释为阻止缔约方：

（a）建立或维持国家企业或国有企业；或

（b）指定垄断者。

10. 第17.4条（非歧视待遇和商业考虑）、第17.6条（非商业援助）和第17.10条（透明度）不得适用于在行使政府职权时提供的任何服务。②

---

① 鉴于国有企业改革立法的持续进展，在本协定对马来西亚生效后的2年期限内，对于由马来西亚国库控股公司拥有或控制的企业马来西亚无须遵守第28章（争端解决）下的争端解决。

② 就本款而言，"行使政府职权时提供的服务"与在GATS中的含义相同，包括在适用的情况下在《金融服务附件》中的含义。

11. 第 17.4.1 条（b）项、第 17.4.1 条（c）项、第 17.4.2 条（b）项和第 17.4.2 条（c）项（非歧视待遇和商业考虑）不得适用于缔约方的国有企业或指定垄断根据下列规定购买和销售货物或服务的情况：

（a）该缔约方依照第 9.12.1 条（不符措施）、第 10.7.1 条（不符措施）或第 11.10.1 条（不符措施）维持、继续、更新或修正的任何现行不符措施，如其附件 1 减让表或附件 3 减让表 A 节中所列；或

（b）该缔约方依照第 9.12.2 条（不符措施）、第 10.7.2 条（不符措施）或第 11.10.2 条（不符措施）对部门、分部门或活动采取或维持的任何不符措施，如其附件 2 减让表或附件 3 减让表 B 节中所列。

第 17.3 条　授予职权

每一缔约方应保证，在其国有企业、国家企业和指定垄断行使该缔约方已指示或授予此类实体的任何监管、行政或其他政府职权时，这些实体以与该缔约方在本协定项下的义务不相抵触的方式行事。①

第 17.4 条　非歧视待遇和商业考虑

1. 每一缔约方应保证其每一国有企业在从事商业活动时：

（a）在其购买或销售货物或服务时依照商业考虑行事，但履行与（c）项（ii）目不相抵触的其公共服务授权中任何条款的情况除外；

（b）在其购买货物或服务时：

（i）给予由另一缔约方企业提供的货物或服务的待遇，不低于其给予该缔约方、任何其他缔约方或任何非缔约方的企业所提供的同类货物或同

---

① 监管、行政或其他政府职权的例子包括征用、发放许可、批准商业交易或施加配额、规费或其他费用的权力。

类服务的待遇；以及

（ii）给予由属该缔约方领土内涵盖投资的企业提供的货物或服务的待遇，不低于其给予由属该缔约方、任何其他缔约方或任何非缔约方投资者的投资的企业在该缔约方领土内相关市场中所提供的同类货物或同类服务的待遇；以及

（c）在其销售货物或服务时：

（i）给予另一缔约方企业的待遇不低于其给予该缔约方、任何其他缔约方或任何非缔约方的企业的待遇；及

（ii）给予属该缔约方领土内涵盖投资的企业的待遇，不低于其给予属该缔约方、任何其他缔约方或任何非缔约方投资者的投资的企业在该缔约方领土内相关市场中的待遇。①

2. 每一缔约方应保证其每一指定垄断：

（a）在相关市场购买或销售垄断货物或服务时依照商业考虑行事，但为履行其所指定的与（b）项、（c）项或（d）项不相抵触的任何条件的情况除外；

（b）在其购买垄断货物或服务时：

（i）给予由另一缔约方企业提供的货物或服务的待遇，不低于其给予该缔约方、任何其他缔约方或任何非缔约方的企业所提供的同类货物或同类服务的待遇；及

（ii）给予由属该缔约方领土内涵盖投资的企业所提供的货物或服务的待遇，不低于其给予由属该缔约方、任何其他缔约方或任何非缔约方投资者的投资的企业在该缔约方领土内相关市场中所提供的同类货物或同类服务的待遇；及

（c）在销售垄断货物或服务时：

---

① 第 17.4.1 条（非歧视待遇和商业考虑）不得适用于一国有企业将购买或销售股份、股票或其他形式的权益作为对另一企业的权益参与方式的情况。

（i）给予另一缔约方企业的待遇，不低于其给予该缔约方、任何其他缔约方或任何非缔约方的企业的待遇；及

（ii）给予属该缔约方领土内涵盖投资的企业的待遇，不低于其给予属由该缔约方、任何其他缔约方或任何非缔约方投资者的投资的企业在该缔约方领土内相关市场中的待遇；以及

（d）不使用其垄断地位在其领土内的非垄断市场上直接或间接从事，包括通过其与母公司、子公司或该缔约方或指定垄断拥有的其他实体之间的交易从事，消极影响缔约方间的贸易或投资的反竞争行为。①

3. 第 1 款（b）项和第 1 款（c）项及第 2 款（b）项和第 2 款（c）项不阻止国有企业或指定垄断：

（a）以不同条款或条件购买或销售货物或服务，包括与价格相关的条款或条件；或

（b）拒绝购买或销售货物或服务。

只要该差别待遇或拒绝依照商业考虑采取。

第 17.5 条　法院和行政机构

1. 每一缔约方应给予其法院对于基于在其领土内开展的商业活动而针对外国政府拥有或通过所有者权益控制的企业所提起的民事诉讼的管辖权。② 在缔约方未给予其法院对于针对不属由外国政府拥有或通过所有者权益控制的企业所提起的类似权利请求的管辖权的情况下，此点不得解释为要求该缔约方给予对此类诉讼的管辖权。

2. 每一缔约方应保证，该缔约方建立或设立的监管国有企业的任何

---

① 为进一步明确，一缔约方可通过执行或实施其普遍适用的国家竞争法律法规、其经济监管法律法规或其他适当措施以遵守本项的要求。

② 本款不得解释为阻止一缔约方给予其法院如下管辖权：即针对一外国政府拥有或通过拥有者权益控制的一企业提起本款中所指权利请求以外的权利请求。

行政机构以公正的方式对其所监管的企业，包括不属国有企业的企业，行使其监管自由裁量权。①

第17.6条 非商业援助

1. 任何缔约方不得通过使用其直接或间接②向其任何国有企业在下列方面提供的非商业援助，而对另一缔约方的利益造成③不利影响：

（a）该国有企业所从事的货物的生产和销售；

（b）该国有企业自该缔约方领土向另一缔约方领土提供服务；或

（c）通过属另一缔约方或任何其他缔约方领土内涵盖投资企业在该另一缔约方领土内提供服务。

2. 每一缔约方应保证，其国家企业和国有企业不得通过使用该国家企业或国有企业向其任何国有企业在下列方面提供的非商业援助而对另一缔约方的利益造成不利影响：

（a）该国有企业所从事的货物的生产和销售；

（b）该国有企业自该缔约方领土向另一缔约方领土提供服务；或

（c）通过属另一缔约方或任何其他缔约方领土内涵盖投资的企业在该另一缔约方领土内提供服务。

3. 任何缔约方不得在下列情况下，通过使用其直接或间接向属其他缔约方领土内涵盖投资的其任何国有企业所提供的非商业援助对该另一缔

---

① 为进一步明确，对一行政机构行使监管自由裁量权的公正性进行评价应参照该行政机构的模式或实践。

② 为进一步明确，间接提供包括缔约方委托或指示非国有企业提供非商业援助的情况。

③ 就第1款和第2款而言，必须证明所声称的不利影响是由非商业援助所造成的。因此，非商业援助必须与其他可能的因果因素一并审查，以保证适当的因果因素归因。

约方的国内产业①造成损害：

（a）该非商业援助针对该国有企业在另一缔约方领土内货物的生产和销售提供；及

（b）该另一缔约方的国内产业在该另一缔约方领土内生产和销售同类货物。②

4. 缔约方的国有企业在该缔约方领土内提供的服务应视为未造成不利影响。③

第 17.7 条 不利影响

1. 就第 17.6.1 条和第 17.6.2 条（非商业援助）而言，如非商业援助属下列情况则产生不利影响：

（a）已获得非商业援助的缔约方的国有企业的货物生产和销售取代或阻碍该缔约方市场自另一缔约方进口同类货物或属该缔约方领土内涵盖投资的企业所生产的同类货物的销售；

（b）已获得非商业援助的缔约方的国有企业的货物的生产和销售：

（i）自另一缔约方市场取代或阻碍属该另一缔约方领土内涵盖投资的企业所生产同类货物在该另一缔约方市场的销售，或取代或阻碍任何其他缔约方同类货物的进口；或

（ii）自一非缔约方市场取代或阻碍另一缔约方同类货物的进口；

（c）已获得非商业援助的缔约方的国有企业生产和在下列市场中销售

---

① "国内产业"一词指同类货物的国内生产者全体，或指合计产量构成同类货物国内总产量主要部分的国内生产者，不包括属涵盖投资并已获得第 3 款中所指非商业援助的国有企业。

② 在对国内产业的建立造成实质阻碍的情况下，各方理解国内产业可能尚未生产和销售同类货物。然而，在这种情况下，必须有证据证明潜在国内生产者已就开始生产和销售同类货物作出实质性承诺。

③ 为进一步明确，本款不得解释为适用于本身即为一种形式的非商业援助的服务。

的货物造成大幅削低价格:

（i）缔约方的市场,与在同一市场中缔约方同类货物进口的价格或属该缔约方领土内涵盖投资的企业生产的同类货物的价格相比较,或在同一市场上造成大幅价格抑制、价格压低或销售损失;或

（ii）非缔约方的市场,与同一市场中另一缔约方同类货物进口的价格相比较,或在同一市场上造成大幅价格抑制、价格压低或销售损失;

（d）已获得非商业援助的一缔约方的国有企业所提供的服务自另一缔约方的市场取代或阻碍该另一缔约方或任何其他缔约方的服务提供者所提供的同类服务;或

（e）已获得非商业援助的一缔约方的国有企业在另一缔约方的市场中所提供的服务,与在同一市场中该另一缔约方或任何其他缔约方的服务提供者所提供的同类服务相比较,造成大幅价格削低,或在同一市场中造成大幅价格抑制、价格压低或销售损失。①

2. 就第1款（a）项、第1款（b）项和第1款（d）项而言,取代或阻碍货物或服务包括已被证明存在不利于同类货物或同类服务的相对市场份额显著变化的任何情况。"相对市场份额显著变化"应包括任何下列情况:

（a）该缔约方国有企业的货物或服务的市场份额显著增加;

（b）在该缔约方国有企业的货物或服务的市场份额保持不变的情况下,如不存在非商业援助,则市场份额会大幅降低;或

（c）该缔约方国有企业的货物或服务的市场份额降低,但速度明显低于不存在非商业援助的情况。

该变化必须在可充分证明有关货物或服务的市场的明确发展趋势的一适当具有代表性的期限内显现,通常情况下应至少为1年。

---

① 已获得非商业援助的国有企业购买或销售股份、股票或其他形式的权益,作为对另一企业的权益参与方式,不得解释为造成第17.7.1条（不利影响）中所规定的不利影响。

3. 就第 1 款（c）项和第 1 款（e）项而言，价格削低应包括通过对该国有企业的货物或服务的价格与同类货物或服务的价格相比较所证明的此类价格削低的任何情况。

4. 第 3 款的价格比较应在同一贸易水平上和可比较的时间进行，同时适当考虑影响价格可比性的因素。如不可能进行交易的直接比较，则可在部分其他合理基础上证明存在价格削低，例如对于货物而言，对单价进行比较。

5. 缔约方在下列情况下提供的非商业援助应视为未造成不利影响：

（a）在本协定签署之前；或

（b）在本协定签署后 3 年内，根据本协定签署前颁布的法律或者依据已经签订的合同，该合同中规定应承担的义务。

6. 就第 17.6.1 条（b）项和第 17.6.2 条（b）项（非商业援助）而言，对一国有企业的初始资本化，或一缔约方对在该缔约方领土内主要从事服务提供的一企业控股权益的收购不得视为造成不利影响。

第 17.8 条　损害

1. 就第 17.6.3 条（非商业援助）而言，"损害"一词应理解为对国内产业的实质损害、对国内产业实质损害威胁或对该产业建立的实质阻碍。对实质损害的确定应根据肯定性证据，并包含对相关因素进行的客观审查，包括已获得非商业援助的涵盖投资的产量、此种生产对国内产业生产和销售的同类货物价格的影响，以及此种生产对生产同类货物的国内产业的影响。①

2. 关于已获得非商业援助的涵盖投资的产量，应考虑产量的绝对数量或与被指控已发生损害的该缔约方领土内的生产或消费相比的相对数量

---

① 对非商业援助和损害的审查期限应合理设置，应尽可能在接近仲裁庭程序启动之日结束。

是否大幅增加。对于涵盖投资的生产对价格的影响，应考虑与国内产业生产和销售的同类货物的价格相比，涵盖投资所生产的货物是否大幅削低价格，或涵盖投资的生产的影响在其他方面是否大幅压低价格或是否在很大程度上抑制在其他情况下本应发生的价格增加。这些因素中的一个或几个均未必能够给予决定性的指导。

3. 关于已获得非商业援助的涵盖投资所生产和销售的货物对国内产业影响的审查应包括对影响产业状况的所有相关经济因素和指标的评估，例如产量、销售量、市场份额、利润、生产力、投资收益或产能利用率的实际和潜在下降；影响国内价格的因素；对现金流动、库存、就业、工资、增长、筹措资金能力或投资能力的实际和潜在的消极影响，以及对于农业而言，则为是否增加政府支持计划的负担。该清单不是穷尽无遗的，这些因素中的一个或几个均未必能够给予决定性的指导。

4. 必须证明涵盖投资所生产和销售的货物通过非商业援助的影响[①]正在造成本条范围内的损害。证明涵盖投资所生产和销售的货物与对国内产业损害之间的因果关系应以对所有相关证据进行的审查为根据。应审查除涵盖投资所生产的货物外的、同时正在损害国内产业的任何已知因素，且这些其他因素造成的损害不得归因于已获得非商业援助的涵盖投资所生产和销售的货物。在这方面可能相关的因素特别包括所涉市场其他同类货物的数量和价格、需求的减少或消费模式的变化，技术发展以及国内产业的出口实绩和生产率。

5. 对实质损害威胁的确定应根据事实，而不是仅根据指控、推测或极小的可能性，并应慎重考虑。对涵盖投资给予的非商业援助将造成损害发生的情况变化必须是能够明显预见且迫近的。在作出有关存在实质损害

[①] 如第2款和第3款中所列。

威胁的确定时，应考虑相关因素①并考虑被考虑因素作为整体能否得出如下结论：即更多地涵盖投资生产的货物是迫近的，且除非采取保护性行动，否则实质损害将会发生。

第 17.9 条　缔约方特定附件

1. 第 17.4 条（非歧视待遇和商业考虑）和第 17.6 条（非商业援助）不得适用于缔约方依照该缔约方减让表条款列入附件 4 减让表中的国有企业或指定垄断的不符活动。

2. 第 17.4 条（非歧视待遇和商业考虑）、第 17.5 条（法院和行政机构）、第 17.6 条（非商业援助）和第 17.10 条（透明度）不得适用于附件 17-D（对次中央国有企业和指定垄断的适用）中所列缔约方的国有企业或指定垄断。

3. （a）对于新加坡，附件 17-E（新加坡）应适用。

（c）对于马来西亚，附件 17-F（马来西亚）应适用。

---

① 在作出存在实质损害威胁的确定时，根据第 28 章（争端解决）设立的专家组应特别考虑如下因素：(a) 所涉非商业援助的性质和由此可能产生的贸易影响；(b) 涵盖投资在国内市场销售的大幅增长率，表明销售实质增加的可能性；(c) 涵盖投资可充分自由使用的、或即将实质增加的产能，表明该涵盖投资所生产货物实质增加的可能性，同时考虑吸收额外生产的出口市场的可获性；(d) 涵盖投资所销售货物的价格是否将对同类货物的价格产生大幅抑制或压低效果；以及 (e) 同类货物的库存。

附件　《全面与进步跨太平洋伙伴关系协定》第17章中文版

第17.10条　透明度①②

1. 每一缔约方应不迟于本协定对其生效之日后6个月，向其他缔约方提供或通过其他方式在官方网站公开提供其国有企业名单，且此后应每年更新。③④

2. 每一缔约方应迅速向其他缔约方通知或通过其他方式在官方网站公开提供对垄断的指定或对现有垄断范围的扩大及其指定所含条件。⑤

3. 经另一缔约方书面请求，一缔约方应迅速提供关于一国有企业或政府垄断的下列信息，只要该请求包括关于该实体的活动如何影响缔约方之间的贸易或投资的说明：

（a）该缔约方、其国有企业或指定垄断在该实体中累计拥有的股份比例，以及累计持有的投票权比例；

（b）对该缔约方、其国有企业或指定垄断持有的任何特殊股份或特别投票权或其他权利的说明，只要这些权利不同于该实体普通股份所附

---

① 本条不得适用于文莱达鲁萨兰国在文莱达鲁萨兰国附件4条目4中所列从事该条目中所述不符活动的实体。

② 本条不适用于越南在下列文件中所列实体：
（a）越南附件4条目8，从事该条目中所述不符活动，直至该条目失效；及
（b）越南附件4第条目10，从事该条目中所述不符活动。

③ 对于文莱达鲁萨兰国，本款自本协定对文莱达鲁萨兰国生效之日起5年内不得适用。同时，在本协定生效之日后3年内，文莱达鲁萨兰国应向其他缔约方提供或通过其他方式在官方网站公开提供其在前3年的任何一年中自其商业活动中获得年收入超过5亿特别提款权的国有企业名单，且此后应每年更新，直至本款中义务适用以替代这一义务。

④ 对于越南和马来西亚，本款自本协定分别对越南和马来西亚生效之日起5年内不适用。同时，在本协定分别对越南和马来西亚生效之日后6个月内，每一缔约方应分别向其他缔约方提供或通过其他方式在官方网站公开提供其在前3年的任何一年中自商业活动中获得年收入超过5亿特别提款权的国有企业名单，且此后应每年更新，直至本款中义务适用以替代这一义务。

⑤ 第2款、第3款和第4款不得适用于越南附件4条目9中所列从事该条目中所述不符活动的实体。

权利；

（c）在该实体董事会中任职或作为成员的任何政府官员的政府头衔；

（d）可获得信息的该实体最近 3 年年收入和总资产；

（e）根据该缔约方法律该实体所获益的任何免除和豁免；以及

（f）关于该实体的可公开获得和该书面请求所寻求的任何额外信息，包括年度财务报告和第三方审计情况。

4. 应另一缔约方书面请求，一缔约方应迅速书面提供关于其已采取或维持的提供非商业考虑援助的任何政策或计划的信息，只要该请求包括关于政策或计划如何影响或可能影响缔约方之间贸易或投资的说明。

5. 如缔约方根据第 4 款提供答复，则其提供的信息应足够具体，使提出请求的缔约方能够理解政策或计划的运营情况，并对政策或计划及其对缔约方之间贸易或投资的影响或潜在影响进行评估。对请求作出答复的缔约方应保证其提供的答复包含下列信息：

（a）该政策或计划下提供的非商业援助的形式，例如赠款或贷款；

（b）提供非商业援助的政府机关、国有企业或国家企业的名称，以及已获得或有资格获得非商业援助的国有企业的名称；

（c）提供非商业援助的政策或计划的法律根据和政策目标；

（d）对于货物，提供非商业援助的单位金额，如不可能，则提供非商业援助的总金额或年度预算金额，如可能，说明上一年的单位平均金额；

（e）对于服务，提供非商业援助的总金额或年度预算金额，如可能，说明上一年的总金额；

（f）对于以贷款或贷款担保形式提供非商业援助的政策或计划，提供贷款或贷款担保的金额、利率和收取的规费；

（g）对于以提供货物或服务的形式提供非商业援助的政策或计划，所收取的价格（如有）；

（h）对于以权益资本形式提供的非商业援助的政策或计划，提供投资

的金额、所获股份的数量和说明,以及对潜在投资决策开展的任何评估;

(i) 提供政策或计划的存续时间或所附任何其他时限;以及

(j) 提供可用以对非商业援助对缔约方之间贸易或投资的影响进行评估的统计数据。

6. 如缔约方认为其尚未采取或并未维持第 4 款中所指的任何政策或计划,则其应按此书面通知提出请求的缔约方。

7. 如书面答复中未回应第 5 款中的任何相关点,则应在书面答复中作出说明。

8. 缔约方认识到,根据第 5 款和第 7 款提供信息并不预断本协定项下作为第 4 款下请求对象的援助的法律地位或该援助的影响。

9. 如缔约方根据本条下的请求提供书面信息并通知提出请求的缔约方其认为该信息属机密性质,则提出请求的缔约方未经提供信息的缔约方事先同意不得披露该信息。

第 17.11 条 技术合作

缔约方,如适当并根据可获得的资源,应开展双方同意的技术合作活动,包括:

(a) 就缔约方在改进其国有企业公司治理和经营方面的经验交流信息;

(b) 分享政策方法的最佳实践,以保证国有企业和私营企业之间的公平竞争,包括与竞争中立相关的政策;以及

(c) 组织国际研讨会、讲习班或任何其他适当论坛,以分享与国有企业公司治理和经营相关的技术信息和专门知识。

第 17.12 条　国有企业和指定垄断委员会①

1. 缔约方特此设立国有企业和指定垄断委员会（委员会），由每一缔约方的政府代表组成。

2. 委员会的职能应包括：

（a）审议和考虑本章的运用和实施情况；

（b）应缔约方请求，对本章下产生的任何事项进行磋商；

（c）酌情推动合作，以在本自由贸易区内促进实施本章所含纪律中体现的原则，并为在两个或多个缔约方参加的其他区域和多边机构中制定类似纪律作出贡献；以及

（d）开展委员会可能决定的其他活动。

3. 委员会应自本协定生效之日 1 年内召开会议，并在此后至少每年召开 1 次会议，除非缔约方另有议定。

第 17.13 条　例外

1. 第 17.4 条（非歧视待遇和商业考虑）或第 17.6 条（非商业援助）中任何内容不得解释为：

（a）阻止任何缔约方采取或实施措施，以临时应对国家或全球经济紧急状况；或

（b）适用于缔约方为应对国家或全球经济紧急状况而在该紧急状况期间对其临时采取或实施措施的国有企业。

---

① 第 17.12 条（国有企业和指定垄断委员会）不适用于越南在下列文件中列出的实体：

（a）越南附件 4 第 8 条目，从事该条所述的不符活动，直至该条目失效；及

（b）越南附件 4 第 10 条目，从事该条所述的不符活动。

2. 第17.4.1条（非歧视待遇和商业考虑）不得适用于国有企业根据政府授权提供金融服务，如所提供的金融服务：

（a）支持出口或进口，只要这些服务：

（i）无意取代商业融资；或

（ii）所提供的条件并不优于可自商业市场中获得的可比金融服务的条件；①

（b）支持该缔约方领土之外的私人投资，只要这些服务：

（i）无意取代商业融资；或

（ii）所提供的条件并不优于可自商业市场中获得的可比金融服务的条件；或

（c）以与该安排相一致的条件提供，只要其属该安排范围内。

3. 国有企业根据政府授权提供金融服务应被视为不造成第17.6.1条（b）项（非商业援助）或第17.6.2条（b）项、第17.6.1条（c）项或第17.6.2条（c）项下的不利影响，如金融服务提供地所属缔约方要求建立当地存在以便提供这些服务，且如该金融服务的提供：②

（a）支持出口和进口，只要这些服务：

（i）无意取代商业融资；或

（ii）所提供的条件并不优于可自商业市场中获得的可比金融服务的条件；

（b）支持该缔约方领土之外的私人投资，只要这些服务：

---

① 在商业市场中无可比金融服务提供的情况下：就第2款（a）项（ii）目、第2款（b）项（ii）目、第3款（a）项（ii）目和第3款（b）项（ii）目而言，国有企业如必要可依靠可获得的证据设定此类服务据以在商业市场中提供的条件基准；及（b）就第2款（a）项（i）目、第2款（b）项（i）目、第3款（a）项（i）目和第3款（b）项（i）目而言，提供金融服务不得视为有意取代商业融资。

② 就本款而言，如金融服务提供地所属国要求当地存在以便提供这些服务，则通过属涵盖投资的企业提供本款中所确定的金融服务应视为未产生不利影响。

（i）无意取代商业融资；或

（ii）所提供的条件并不优于可自商业市场中获得的可比金融服务的条件；或

（c）以与该安排相一致的条件提供，只要其属该安排范围内。

4. 第17.6条（非商业援助）不得应用于因丧失抵押品赎回权或与拖欠债务有关的类似诉讼，或与第2款和第3款中所指金融服务提供相关的国有企业对保险索赔的支付而由缔约方的国有企业取得临时所有权的位于该缔约方领土之外的企业，只要在临时享有所有权期间，该缔约方、该缔约方国家企业或国有企业向该企业提供任何支持目的在于依照最终会导致该企业资产剥离的重组或清算计划收回该国有企业的投资。

5. 第17.4条（非歧视待遇和商业考虑）、第17.6条（非商业援助）、第17.10条（透明度）和第17.12条（国有企业和指定垄断委员会）不得适用于在前3个连续财务年度的任何一年中自商业活动获得的年收入低于依照附件17-A应计算得出的门槛金额的国有企业或指定垄断。①②

第17.14条　进一步谈判

在本协定生效之日后5年内，缔约方应开展进一步谈判，以依照附件17-C（进一步谈判）扩大本章纪律的适用范围。

---

① 如一缔约方在根据第28.5条（磋商）进行的磋商中援引该例外，则磋商缔约方应交换并讨论关于该国有企业或指定垄断在前3个连续财务年度中自商业活动获得的年收入的可获得的证据，以便在磋商阶段解决有关该例外适用的任何分歧。

② 尽管有本款，但是本协定在对文莱达鲁萨兰国、马来西亚或越南生效之日后5年期限内，第17.4条（非歧视待遇和商业考虑）和第17.6条（非商业援助）不适用于文莱达鲁萨兰国、马来西亚或越南的国有企业或指定垄断，如在前3个连续财务年度的任何一年中，该企业自商业活动获得的年收入低于5亿特别提款权。

附件 《全面与进步跨太平洋伙伴关系协定》第 17 章中文版

第 17.15 条 信息形成过程

附件 17-B（关于国有企业和指定垄断的信息形成过程）应适用于第 28 章（争端解决）下关于缔约方遵守第 17.4 条（非歧视待遇和商业考虑）或第 17.6 条（非商业援助）的任何争端。

《全面与进步跨太平洋伙伴关系协定》第 17 章附件 17-A 门槛金额计算

1. 在本协定生效之日，第 17.13.5 条（例外）中所指的门槛金额应为 2 亿特别提款权（SDRs）。

2. 门槛金额应每隔 3 年调整一次，每次调整于 1 月 1 日生效。门槛金额的首次调整应在本协定生效后的第一个 1 月 1 日依照本附件中所列公式进行。

3. 门槛金额应使用 SDR 复合通货膨胀率针对一般价格水平的变化进行调整，按以调整生效前一年的 6 月 30 日为期末的 3 年期内 SDR 组成货币国内生产总值（GDP）平减指数累计百分比变化的加权总和计算得出，并使用下列公式：

$$T_1 = (1 + (\sum w_i^{SDR} \cdot \varPi_i^{SDR})) T_n$$

其中：

T_0 = 基期门槛金额；

T_1 = 新（调整后）门槛金额；

w_i^{SDR} = 每一货币 i 在 SDR 中的各自（固定）权重（在调整生效前一年的 6 月 30 日）；以及

$\varPi_i^{SDR}$ = 每一货币 i 在以调整生效前一年的 6 月 30 日为期末的 3 年期内 SDR 中 GDP 平减指数累计百分比变化。

4. 每一缔约方应将门槛金额转换为以本国货币表示，转换率应为在以调整生效前一年的 6 月 30 日为期末的 3 年期内该缔约方以 SDR 表示的本国货币的月平均价值。每一缔约方应将以其各自本国货币表示的其适用的门槛金额向其他缔约方作出通知。

5. 就本章而言，所有数据应来源于国际货币基金组织的"国际金融统计数据库"。

6. 如本国货币兑 SDR 出现重大变化可能对本章的适用造成严重问题，则缔约方应进行磋商。

《全面与进步跨太平洋伙伴关系协定》第 17 章附件 17-B 关于国有企业和指定垄断的信息形成过程

1. 如专家组已根据第 28 章（争端解决）设立，以审查在第 17.4 条（非歧视待遇和商业考虑）或第 17.6 条（非商业援助）下提起的起诉，则争端各方可按第 2 款、第 3 款和第 4 款中所列交换书面问题和答复，以获得与起诉相关的以其他方式不容易获得的信息。

2. 一争端方（提问缔约方）可在专家组设立之日起 15 天内向另一争端方（答复缔约方）提交书面问题。答复缔约方应在收到问题之日起 30 天内向提问缔约方提交其对问题的答复。

3. 提问缔约方可在收到对最初所提问题的答复之日起 15 天内向答复缔约方提交任何后续书面问题。答复缔约方应在收到后续问题之日起 30 天内向提问缔约方提交其对后续问题的答复。

4. 如提问缔约方认为答复缔约方未在本附件下的信息收集过程中进行合作，则提问缔约方应在对其最后问题的答复期限到期之日后 30 天内书面告知专家组和答复缔约方，并提供支持其观点的根据。专家组应给予答复缔约方作出书面答复的机会。

5. 根据这些程序向另一争端缔约方提交书面问题或答复的一争端方，应在同日将问题或答复提交专家组。在专家组尚未设立的情况下，争端各方应在专家组设立后迅速向专家组提交其已向另一争端方提交的任何问题或答复。

6. 答复缔约方可依照第 27.2.1 条（f）项（自贸协定委员会的职能）制定的议事规则或争端各方议定的其他议事规则中所列程序指定其答复中的信息为机密信息。

7. 第 2 款、第 3 款和第 4 款中的时限经争端各方同意或经专家组批准后可进行修改。

8. 在确定一争端方是否未在信息收集过程中合作时，专家组应考虑问题的合理性和答复缔约方在以合作和及时的方式答复问题方面所作的努力。

9. 在作出对事实的调查结果和最初报告时，专家组应对一争端方在信息收集过程中的不合作情况作出不利推论。

10. 如为配合信息收集过程所必要，专家组可偏离第 28 章（争端解决）中所列发布最初报告的时限。

11. 专家组可自一争端方处寻求未通过信息收集过程向专家组提交而专家组认为对解决争端所必要的额外信息。然而，专家组不得为完成记录而请求提供可支持一方立场的额外信息，而记录中该信息的缺失系因该缔约方在信息收集过程中未合作所造成。

《全面与进步跨太平洋伙伴关系协定》第17章附件17-C
进一步谈判

在本协定生效之日后5年内,缔约方应就扩大下列各项的适用开展进一步谈判:

(a)本章中的纪律,扩大至次中央政府拥有或控制的国有企业的活动,及次中央政府指定的指定垄断的活动,如此类活动已列入附件17-D(对次中央国有企业和指定垄断的适用)中;及

(b)第17.6条(非商业援助)和第17.7条(不利影响)中的纪律,以处理因国有企业提供服务而在非缔约方的市场中造成的影响。

《全面与进步跨太平洋伙伴关系协定》第17章附件17-D
对次中央国有企业和指定垄断的适用

根据第17.9.2条（缔约方特定附件），下列义务不得适用于由次中央政府拥有或控制的国有企业和由次中央政府指定的指定垄断：①

（a）对于澳大利亚：

（i）第17.4.1条（a）项和（b）项（非歧视待遇和商业考虑）；

（ii）第17.4.2条（非歧视待遇和商业考虑）；

（iii）第17.6.1条（a）项和第17.6.2条（a）项（非商业援助），对于与在澳大利亚领土内的涵盖投资所生产和销售的同类货物竞争的货物的生产和销售；

（iv）第17.6.1条（b）项和（c）项（非商业援助）、第17.6.2条（b）项和（c）项（非商业援助）；以及

（v）第17.10.1条（透明度）。

（b）对于加拿大：

（i）第17.4.1条（a）项和（b）项（非歧视待遇和商业考虑）；

（ii）第17.4.1条（c）项（i）目（非歧视待遇和商业考虑）；

（iii）第17.4.2条（非歧视待遇和商业考虑）；

（iv）第17.5.2条（法院和行政机构），对于由次中央政府建立或设立的行政监管机构；

（v）第17.6.1条（a）项（非商业援助）和第17.6.2条（a）项（非商业援助），对于与涵盖投资所生产和销售的同类货物相竞争的货物的生产和销售；

---

① 就本附件而言，"次中央政府"指缔约方的地区一级和地方一级政府。

(vi) 第 17.6.1 条（b）项和（c）项（非商业援助）和第 17.6.2 条（b）项和（c）项（非商业援助）；

(vii) 第 17.6.3 条（非商业援助）；

(viii) 第 17.10.1 条（透明度）；以及

(ix) 第 17.10.4 条（透明度），对于次中央政府采用或维持的政策或计划。

(c) 对于智利：

(i) 第 17.4.1 条（a）项和（b）项（非歧视待遇和商业考虑）；

(ii) 第 17.4.1 条（c）项（i）目（非歧视待遇和商业考虑）；

(iii) 第 17.4.2 条（非歧视待遇和商业考虑）；

(iv) 第 17.6.1 条（a）项（非商业援助）和第 17.6.2 条（a）项（非商业援助），对于与在智利领土内的涵盖投资所生产和销售的同类货物相竞争的货物的生产和销售；

(v) 第 17.6.1 条（b）项和（c）项（非商业援助）及 17.6.2 条（b）项和（c）项（非商业援助）；以及

(vi) 第 17.10.1 条（透明度）。

(d) 对于日本：

(i) 第 17.4.1 条（非歧视待遇和商业考虑）；

(ii) 第 17.4.2 条（非歧视待遇和商业考虑）；

(iii) 第 17.6.1 条（a）项（非商业援助）和第 17.6.2 条（a）项（非商业援助），对于属下列情况的货物的生产和销售：

(A) 由国有企业生产和销售，与在日本领土内的另一缔约方的涵盖投资所生产和销售的同类货物相竞争；或

(B) 由属涵盖投资的国有企业生产和销售，与在任何其他缔约方领土内的另一缔约方的涵盖投资所生产和销售的同类产品相竞争。

(iv) 第 17.6.1 条（b）项和（c）项（非商业援助）及第 17.6.2 条

(b) 项和（c）项（非商业援助）；

(v) 第 17.6.3 条（非商业援助）；以及

(vi) 第 17.10.1 条（透明度）。

(e) 对于马来西亚：

(i) 第 17.4 条（非歧视待遇和商业考虑）；

(ii) 第 17.5.2 条（法院和行政机构），对于次中央政府建立或设立的行政监管机构；

(iii) 第 17.6.1 条（a）项（非商业援助）和第 17.6.2 条（a）项（非商业援助），对于与在马来西亚领土内的涵盖投资所生产和销售的同类货物相竞争的货物的生产和销售；

(iv) 第 17.6.1 条（b）项和（c）项（非商业援助）及第 17.6.2 条（b）项和（c）项（非商业援助）；以及

(v) 第 17.10 条（透明度）。

(f) 对于墨西哥：

(i) 第 17.4.1 条（a）项和（b）项（非歧视待遇和商业考虑）；

(ii) 第 17.4.1 条（c）项（i）目（非歧视待遇和商业考虑）；

(iii) 第 17.4.2 条（非歧视待遇和商业考虑）；

(iv) 第 17.6.1 条（a）项（非商业援助）和第 17.6.2 条（a）项（非商业援助），对于与在墨西哥领土内的涵盖投资所生产和销售的同类货物相竞争的货物的生产和销售；

(v) 第 17.6.1 条（b）项和（c）项（非商业援助）及第 17.6.2 条（b）项和（c）项（非商业援助）；以及

(vi) 第 17.10 条（透明度）。

(g) 对于新西兰：

(i) 第 17.4.1 条（非歧视待遇和商业考虑）；

(ii) 第 17.4.2 条（非歧视待遇和商业考虑）；

（iii）第 17.6.1 条（a）项（非商业援助）和第 17.6.2 条（a）项（非商业援助），对于与在新西兰领土内的涵盖投资所生产和销售的同类货物相竞争的货物的生产和销售；

（iv）第 17.6.1 条（b）项和（c）项（非商业援助）及第 17.6.2 条（b）项和（c）项（非商业援助）；

（v）第 17.6.3 条（非商业援助）；以及

（vi）第 17.10.1 条（透明度）。

(h) 对于秘鲁：

（i）第 17.4.1 条（a）项和（b）项（非歧视待遇和商业考虑）；

（ii）第 17.4.1 条（c）项（i）目（非歧视待遇和商业考虑）；

（iii）第 17.4.2 条（非歧视待遇和商业考虑）；

（iv）第 17.6.1 条（a）项（非商业援助）和第 17.6.2 条（a）项（非商业援助），对于与在秘鲁领土内的涵盖投资所生产和销售的同类货物相竞争的货物的生产和销售；

（v）第 17.6.1 条（b）项和（c）项（非商业援助）及第 17.6.2 条（b）项和（c）项（非商业援助）；以及

（vi）第 17.10.1 条（透明度）。

(i) 对于美国：

（i）第 17.4.1 条（a）项（非歧视待遇和商业考虑）；

（ii）第 17.4.1 条（b）项（非歧视待遇和商业考虑），对于货物或服务的购买；

（iii）第 17.4.1 条（c）项（i）目（非歧视待遇和商业考虑）；

（iv）第 17.4.2 条（非歧视待遇和商业考虑），对于由次中央政府指定的指定垄断；

（v）第 17.5.2 条（法院和行政机构），对于由次中央政府建立或设立的行政监管机构；

（vi）第17.6.1条（a）项（非商业援助）和第17.6.2条（a）项（非商业援助），对于与在美国领土内的涵盖投资所生产和销售的同类货物相竞争的货物的生产和销售；

（vii）第17.6.1条（b）项和（c）项（非商业援助）及第17.6.2条（b）项和（c）项（非商业援助）；以及

（viii）第17.10.1条（透明度）。

（j）对于越南：

（i）第17.4条（非歧视待遇和商业考虑）；

（ii）第17.5.2条（法院和行政机构），对于由次中央政府建立或设立的行政监管机构；

（iii）第17.6.1条（a）项（非商业援助）和第17.6.2条（a）项（非商业援助），对于与在越南领土内的涵盖投资所生产和销售的同类货物相竞争的货物的生产和销售；

（iv）第17.6.1条（b）项和（c）项（非商业援助）及第17.6.2条（b）项和（c）项（非商业援助）；以及

（v）第17.10条（透明度）。

《全面与进步跨太平洋伙伴关系协定》第 17 章附件 17-E

新加坡

1. 新加坡或一新加坡主权财富基金[①]均不得采取行动以指示或影响由一新加坡主权财富基金拥有或控制的国有企业的决策,包括通过对此类国有企业行使任何权利或通过所有者权益,除非以符合本章的方式。然而,新加坡或一新加坡主权财富基金可以不与本章相抵触的方式在其拥有或通过所有者权益控制的任何国有企业中行使投票权。

2. 第 17.4.1 条(非歧视待遇和商业考虑)不得适用于由一新加坡主权财富基金拥有或控制的国有企业。

3. 第 17.6.2 条(非商业援助)不得适用于由一新加坡主权财富基金拥有或控制的国有企业,除非:

(a) 在声称违反第 17.6.2 条(非商业援助)之前的 5 年期限内,新加坡或一新加坡主权财富基金已经:

(i) 任命[②]该国有企业的首席执行官或大部分其他高级管理人员;

(ii) 任命该国有企业董事会的大部分成员;[③] 或

(iii) 以可能与本章义务不一致的方式,采取行动以行使其在该国有企业中的法律权利,积极指示和控制该国有企业的商业决策;或

(b) 根据法律、政府政策或其他措施,要求该国有企业:

(i) 向另一国有企业提供非商业援助;或

[①] 就本章而言,新加坡主权财富基金包括新加坡政府投资有限公司和淡马锡控股(私人)有限公司。淡马锡控股(私人)有限公司是其资产的法定拥有人。

[②] 就第 3 款(a)项(i)目和第 3 款(a)项(ii)目而言,此种任命包括发生在上述 5 年期限之前的任命,只要任期在这一期限内届满。

[③] 为进一步明确,仅行使股东投票权批准对董事的选举不构成对此类董事的任命。

（ⅱ）就其商业购买或销售作出决策。

4. 在下列情况下，新加坡被视为对于一新加坡主权财富基金拥有或控制的任何国有企业符合第 17.10.1 条（透明度）：

（a）新加坡向其他缔约方提供或通过其他方式在官方网站上公开提供拥有该国有企业的主权财富基金的年度报告；

（b）该国有企业的任何等级的证券在由包括国际证监会组织在内的一国际公认的证券委员会的成员监管的证券市场上市；或

（c）该国有企业根据包括《国际财务报告准则》在内的国际公认的财务报告准则提交其年度财务报告。

《全面与进步跨太平洋伙伴关系协定》第17章附件17-F

马来西亚

国民投资机构

1. 本章中的义务不得适用于国民投资机构或国民投资机构拥有或控制的企业，只要国民投资机构：

（a）专门从事下列活动：

（i）为公众成员管理或提供与集合投资计划相关的计划，以增加其储蓄和投资，完全为参与该计划的自然人及其受益人的利益的实现而推进国家议程；或

（ii）对这些计划的资产进行投资；

（b）对（a）项中所指的自然人负有受信责任；以及

（c）不接受马来西亚政府的投资指示。①

2. 尽管有本附件第1款，但是第17.6.1条（非商业援助）和第17.6.3条应适用于马来西亚的下列援助：

（a）直接或间接向由国民投资机构拥有或控制的公司提供非商业援

---

① 马来西亚政府的投资指示：（a）不包括与通常的投资惯例不相抵触的马来西亚政府关于风险管理和资产配置的一般指导；及（b）不能仅通过企业的董事会或投资委员会中包含马来西亚政府官员加以证明。

助;① 及

（b）通过国民投资机构拥有或控制的企业间接提供非商业援助。

朝圣基金局

3. 本章中的义务不得适用于朝圣基金局或朝圣基金局拥有或控制的企业，只要朝圣基金局：

（a）专门从事下列活动：

（i）完全为属个人储蓄和投资计划出资人的自然人及其受益人的利益而管理或提供此种计划，目的在于：

（A）通过将穆斯林个人受益人的储蓄投资于伊斯兰教允许的投资活动，使其能够负担在朝圣期间的支出；及

（B）通过提供各种设施和服务在朝圣期间保护朝圣者、保障其利益并保证其福利；或

（ii）此类计划的资产进行投资；

（b）对（a）款中所指的自然人负有受信责任；以及

（c）不接受马来西亚政府的投资指示。②

4. 尽管有本附件第 3 款，但是第 17.6.1 条（非商业援助）和第 17.6.3 条（非商业援助）应适用于马来西亚的下列援助：

---

① 为进一步明确，就本附件而言，非商业援助不包括马来西亚转移自国民投资机构出资人处收取的资金、代表出资人及其受益人进行投资的情况。

② 马来西亚政府的投资指示：(a) 不包括与通常的投资惯例不相抵触的马来西亚政府关于风险管理和资产配置的一般指导；及 (b) 不能仅通过企业的董事会或投资委员会中包含马来西亚政府官员加以证明。

(a) 直接或间接向朝圣基金局①拥有或控制的公司提供非商业援助;及

(b) 通过由朝圣基金局拥有或控制的企业间接提供非商业援助。

---

① 为进一步明确,就本附件而言,非商业援助不包括马来西亚转移自朝圣基金局出资人处收取的资金、代表出资人及其受益人进行投资的情况。